Henning Schluß (Hrsg.)

Indoktrination und Erziehung

Henning Schluß (Hrsg.)

Indoktrination und Erziehung

Aspekte der Rückseite der Pädagogik

Bibliografische Information Der Deutschen Nationalbibliothek
Die Deutsche Nationalbibliothek verzeichnet diese Publikation in der
Deutschen Nationalbibliografie; detaillierte bibliografische Daten sind im Internet über
<http://dnb.d-nb.de> abrufbar.

1. Auflage Juni 2007

Alle Rechte vorbehalten
© VS Verlag für Sozialwissenschaften | GWV Fachverlage GmbH, Wiesbaden 2007

Lektorat: Monika Mülhausen

Der VS Verlag für Sozialwissenschaften ist ein Unternehmen von Springer Science+Business Media.
www.vs-verlag.de

Das Werk einschließlich aller seiner Teile ist urheberrechtlich geschützt. Jede
Verwertung außerhalb der engen Grenzen des Urheberrechtsgesetzes ist
ohne Zustimmung des Verlags unzulässig und strafbar. Das gilt insbesondere
für Vervielfältigungen, Übersetzungen, Mikroverfilmungen und die Einspeicherung und Verarbeitung in elektronischen Systemen.

Die Wiedergabe von Gebrauchsnamen, Handelsnamen, Warenbezeichnungen usw. in diesem
Werk berechtigt auch ohne besondere Kennzeichnung nicht zu der Annahme, dass solche
Namen im Sinne der Warenzeichen- und Markenschutz-Gesetzgebung als frei zu betrachten
wären und daher von jedermann benutzt werden dürften.

Umschlaggestaltung: KünkelLopka Medienentwicklung, Heidelberg
Foto: Konstantin Mitgutsch
Druck und buchbinderische Verarbeitung: Krips b.v., Meppel
Gedruckt auf säurefreiem und chlorfrei gebleichtem Papier
Printed in the Netherlands

ISBN 978-3-531-15169-4

Inhalt

J. Henning Schluß
Indoktrination Rückseite oder Extrem? 7

Annette M. Stroß
Indoktrination – ein (un)pädagogischer Begriff? 13

Elena Demke
Indoktrination als Code in der SED-Diktatur 35

Agnieszka Dzierzbicka, Elisabeth Sattler
Chancengleichheit und Vereinbarungskultur –
Notwendige Ambivalenzen pädagogischer Doktrinen 49

Henning Schluß
Indoktrination und Fachunterricht –
Begriffsbestimmung anhand eines Exempels 61

Joachim Willems
Indoktrination aus evangelisch-religionspädagogischer Sicht 79

Konstantin Mitgutsch
Indoktrination als Phantom. Über die Intentionalität des Medieneinsatzes
im Lehr-Lernprozess 93

Antje Stache
Habitualisierung und Indoktrination – Die Zucht des Körpers als
Erziehungsmittel 113

Verzeichnis der Autoren 125

Indoktrination Rückseite oder Extrem?

J. Henning Schluß

„Problemen von der Rückseite her sich zu nähern, sie quasi nach außen zu stülpen, ist oft besonders erhellend", schreibt der Kulturhistoriker Peter Burke in einer Abhandlung über Geschichte als soziales Gedächtnis, in der er auch das Phänomen der „sozialen Amnesie" untersucht (Burke 1991: 299). Im Titel dieses Bandes, Indoktrination und Erziehung – Einblicke in die Rückseite der Pädagogik, ist die Behauptung impliziert, dass es sich bei der Indoktrination wie beim Paar Gedächtnis und Amnesie ebenfalls um eine Rückseite, ein Gegenteil, diesmal allerdings von Erziehung handele. Schon diese Behauptung allerdings ist umstritten. Ist Indoktrination tatsächlich das Gegenteil von Erziehung? Ist sie nicht vielmehr ihre letzte Konsequenz, ihre implizite Struktur oder ihr Extrem? Funktionalistisch betrachtet scheint diese Annahme nahe zu liegen. Erziehung zielt auf die Beeinflussung von Heranwachsenden, Zöglingen etc. Indoktrination zielt eben auf diese, allerdings liegt ihr Akzent auf einer Art von Beeinflussung, die die Heranwachsenden verlässlich dazu zu bringen im Stande sein soll, den durch die Indoktrination angezielten Inhalt in identischer Weise für sich zu übernehmen. So wird deutlich, dass ein Gegenteil in gewisser Weise an seinen Widerpart gebunden bleibt. Es muss ein Gemeinsames geben, das es erlaubt von Etwas zu sagen, es sei das Gegenteil von einem Anderen. Das Gegenteil ist deshalb nie das schlechterdings andere, insofern es sich in der gleichen Kategorie, der gleichen Dimension, den gleichen Bezügen als das Gegenteil von Etwas erweist.[1]

Wenn die Autorinnen und Autoren dieses Bandes sich um eine Überschrift versammelt haben, die die Indoktrination als Rückseite und Gegenteil von Erziehung versteht und nicht als ihre letzte Konsequenz, so wird damit deutlich, dass dieser Erziehungsbegriff nicht ausschließlich funktional verstanden wird, sondern auch eine normative Komponente enthält. Diese normative Komponente

---

1 Deutlich kann dieser Zusammenhang z.B. an dem nicht nur ironischen Titel des Buchers von Jürgen Henningsen: „Erfolgreich manipulieren – Methoden des Beybringens" werden. Für den hier betrachteten Zusammenhang ist seine zweite These: „Lernprozesse sind gesteuert oder können doch betrachtet werden, als seien sie gesteuert, sie verlaufen nicht zufällig" (Henningsen 1974: 11) besonders erhellend.

liegt in der Selbsttätigkeit des zu Erziehenden, die nicht nur Ziel der Erziehung, sondern ebenso als seine Voraussetzung verstanden wird; und zwar als eine Voraussetzung, die nicht etwa gebrochen, sondern gestärkt und begleitet entwickelt werden soll. Eben dieses Moment der Selbsttätigkeit bleibt in Indoktrinationsprozessen unberücksichtigt und insofern verstehen wir Indoktrination als das Gegenteil von Erziehung.

Zunächst mag es verwundern, sich zu Beginn des 21. Jahrhunderts im deutschsprachigen, europäischen oder „westlichen-Werte" Kontext mit Indoktrination zu beschäftigen. Ist dieses Thema nicht spätestens seit dem Zusammenbruch des Ostblocks nurmehr von historischem Interesse? Im westlichen Werte Kontext hatte die Frage nach Indoktrination ihren Höhepunkt in den 70er Jahren. Im angelsächsischen Raum fallen besonders die Veröffentlichungen von I. A. Snook auf (Snook 1972a und 1972b). Im deutschsprachigen Raum ist ein Buch von Oliver Reboul verbreitet, das den angelsächsischen, eher „individualpsychologischen" Ansatz mit dem institutionenkritischen französischen Ansatz der Kritik an Indoktrination in Beziehung setzt (Reboul 1977/1979). Innerhalb dieser Publikationslandschaft ist klar ersichtlich, dass hier die Themen der 70er Jahre verhandelt werden: Freilich geht es um Emanzipation, aber vor dem Hintergrund der 68er Bewegung immer auch um Themen des Protests gegen den autoritativen Staat, um die Aufarbeitung der NS-Diktatur. Allerdings wird der Indoktrinationsvorwurf in den 70ern keinesfalls nur von „fortschrittlicher" Seite erhoben. An den neuen Hessischen Rahmenrichtlinien entzündet sich ein Streit, bei dem die Konservativen zum Gegenschlag ansetzen und nun ihrerseits den Reformern Indoktrination vorwerfen. An einem anderen Titel aus der Zeit mag das deutlich werden. Wolfgang Brüggemann gibt 1974 einen Band mit dem Titel „Bildung oder Indoktrination?" heraus. Darin sind die nordrheinwestfälischen Richtlinien für den Politikunterricht, die den Hessischen ähneln, Gegenstand der Kritik und Auseinandersetzung. Nicht wenige Diskussionsteilnehmer sehen darin die Zuspitzung der Frage nach der Alternative zwischen „Systemerhaltung oder Systemüberwindung" (Willeke/Willeke 1974: 41). Dem Buch leitmotivisch vorangestellt ist ein Auszug aus einer Abhandlung Helmut Schelskys über „Die Strategie der Systemüberwindung", in der schon in der Überschrift die Strategie der „Linken Radikalen" also der „APO" als „westliche Kulturrevolution" charakterisiert und als „Tugendterror" denunziert wird (Schelsky 1974). Die Frage, der in diesem Band nachgegangen wird ist demnach die, ob die Beschäftigung mit Begriff und Sache der Indoktrination noch einen Sinn jenseits der aufgeheizten Debatte der 1970er Jahre oder von totalitären Systemen hat.

Aus verschiedenen Perspektiven fokussierten die Beiträge dieses Bandes das Problem der Indoktrination als einen bleibenden Stachel im Fleisch der Pädagogik und Erziehungswissenschaft.

Annette M. Stroß fragt, wie ein pädagogischer Begriff von Indoktrination eigentlich aussehen müsste. Dazu stellt sie Thesen auf, die zentral darum kreisen, Indoktrination nicht einfach aus pädagogischen Überlegungen auszuschließen, sondern vielmehr die Frage nach der Indoktrination als eine beständige pädagogische Anfrage zu begreifen. Dazu zeichnet sie eine Sachgeschichte der Indoktrination seit dem ausgehenden Mittelalter nach.

Elena Demke stellt sprachtheoretisch begründete Überlegungen zur Frage an, was von Indoktrinationsbemühungen bleibt, wenn die Bedingungen der Indoktrination nicht mehr gegeben sind. Sie kann an ausgewählten Texten, wie einer Gedichtinterpretation zeigen, dass Wirkungen von Indoktrination selbst in ihrer ironischen Brechung vorhanden sind, weil gerade die Ironie beweist, dass der Code der Indoktrination beherrscht wird und in anderen Zusammenhängen auch ganz unironisch angewandt werden kann. Solche Wirkungen indoktrinierter Muster kann sie an Leserbriefen einer Tageszeitung nach dem Ende der Diktatur nachweisen.

Agnieszka Dzierzbicka und Elisabeth Sattler untersuchen exemplarisch zwei gegenwärtige Mode-Begriffe nicht nur der bildungspolitischen, sondern auch der erziehungswissenschaftlichen Diskurskultur und weisen an ihnen indoktrinäres Potential nach. Grundsätzlicher deuten sie dieses inhärente indoktrinäre Potential selbst in anscheinend emanzipatorischen Begriffen als Hinweis auf die prinzipielle persuasive Möglichkeit eines jeden Bildungsideals.

In der Auseinandersetzung mit der These Heinz-Elmar Tenorths, dass Fachunterricht als Fachunterricht per se ein Moment in sich trage, das Indoktrinationsversuchen entgegenwirkt, ja sie konterkariert, zeigt Henning Schluß am Beispiel einer Unterrichtsstunde im Fach Geschichte, dass dies keineswegs der Fall sein muss, sondern dass Unterricht auch bei kategorial ausgewiesener Fachlichkeit in hohem Maße indoktrinär verlaufen kann. Auf dem Hintergrund dieses Einzelfalls wird sodann eine erweiterte Definition des Indoktrinationsbegriffes vorgeschlagen.

Joachim Willems untersucht das indoktrinäre Potential des Religionsunterrichtes und räumt durchaus bestehende Affinitäten zu manipulativen Praktiken ein. In der Analyse dreier religionspädagogischer Modelle zeigt er jedoch auch spezifische Bemühungen, diesen indoktrinären Versuchungen zu widerstehen und ihnen entgegenzuwirken. Die Anforderungen an einen nicht-indoktrinären Religionsunterricht werden abschließend thetisch zusammengefasst.

Konstantin Mitgutsch untersucht ein junges pädagogisches Feld, die Medienpädagogik. Er weist nach, dass gerade die hohen Erwartungen an medial vermittelte Lehr-Lern-Erfolge ein indoktrinäres Moment enthalten, das im Jubel über neue mediale Strategien weithin übersehen und nicht reflektiert wird. Freilich kann Mitgutsch zeigen, dass die medienpädagogisch nicht wahrgenommenen Probleme keine neuen sind, sondern bereits von Anbeginn systematischen pädagogischen Nachdenkens bei Platon gesehen und reflektiert wurden.

Antje Stache untersucht den Bereich der Sportpädagogik, der, wie sie zeigt, über blanke Habitualisierungen für indoktrinäre Zwecke missbraucht werden kann. In der Auseinandersetzung mit dem Konzept Ernst Kriecks weist Sie dessen unreflektierte Konzeption der Körpererziehung nach, indem sie sie auf dem Hintergrund des pädagogischen Gesamtkonzeptes Kriecks nachzeichnet. Mit der kontrastierenden Darstellung eines reflexiven Konzepts des Körpers bei Herbart zeigt sie jedoch, dass der persuasive Zug keineswegs jeglicher Pädagogik eignen muss, die sich auch auf Körper und Leib erstreckt und nicht nur kognitive Ziele verfolgt.

Die Autorinnen und Autoren dieses Bandes formulieren ihre Beiträge aus verschiedenen Perspektiven, auch aus verschiedenen methodologischen Zugängen. In der Diversität der Zugänge wollen wir die Aktualität und die Notwendigkeit einer pädagogischen und erziehungswissenschaftlichen Reflexion über Begriff und Sache der Indoktrination aufzeigen. Der Band geht auf eine Arbeitsgruppe auf der DGfE-Tagung 2006 in Frankfurt/M. zum Thema Bildung – Macht – Gesellschaft zurück. Im Vorfeld der Arbeitsgruppe, auf der Tagung und im Entstehungsprozess des Buches befanden sich die Autorinnen und Autoren dieses Bandes in einem intensiven Gespräch, in dem die einzelnen Beiträge immer wieder kritisiert, aufeinander bezogen, umgeschrieben und konkretisiert wurden. Wir wünschen uns, dass diese intensive und gemeinschaftliche Arbeit an den Texten dem Buch anzumerken ist.

Eine Begriffsfokussierung sei hier angefügt. Wir haben uns als Autorinnen und Autoren auf einen Sprachgebrauch geeinigt, der „Indoktrination" zumeist für eine gelungene Indoktrinationsbemühung verwendet. Von „Indoktrination" im Vollsinn reden wir demnach dann, wenn einem indoktrinären Bemühen auf Seiten des Indoktrinierenden eine reziproke Reaktion auf Seiten des Indoktrinierten entspricht. Wird jedoch lediglich die Seite der Indoktrinationsbemühung thematisiert und keine Aussage über die entsprechende rezeptive Reaktion gemacht oder fällt diese gar negativ aus, so sprechen wir von einem „indoktrinären" Verhalten.

Zuletzt möchte ich allen danken, die mit ihren Beiträgen, Überlegungen und Anregungen, mit ihren Diskussionsbeiträgen in Frankfurt und auch später zum Gelingen dieses Buches beigetragen haben.

Oranienburg im Februar 2007, Henning Schluß

Literatur

Brüggemann, Wolfgang (1974): Bildung oder Indoktrination? Recklinghausen: Kommunal-Verlag,.

Burke, Peter (1991): Geschichte als soziales Gedächtnis. In: Assmann, Aleida/Harth, Dietrich (Hrsg.): Mnemosyne – Formen und Funktionen der kulturellen Erinnerung., Frankfurt a. M.: Fischer Taschenbuch: 289-304.

Henningsen, Jürgen (1974): Erfolgreich manipulieren. Methoden des Beybringens. Kastellaun: Aloys Henn Verlag,.

Reboul, Olivier (1977/1979): Indoktrination – Wenn Denken unterdrückt wird. Walter-Verlag, Olten. Originalausgabe: „L'endoctrinement" 1977. Paris : Presses Universitaires de France.

Schelsky, Helmut (1974): Die westliche „Kulturrevolution". In: Brüggemann 1974: 9-13.

Snook, I. A. (1972a) (Hrsg.): Concept of Indoctrination. London und Boston.

Snook, I. A. (1972b): Indoctrination and Education. London: Routledge & K. Paul.

Willeke, Clemens/Willeke, Rudolf (1974): Richtlinien für den politischen Unterricht in NRW – Analyse, Kritik, Alternativen. In: Brüggemann, Wolfgang 1974: 38-68.

Indoktrination – ein (un)pädagogischer Begriff?

Annette M. Stroß

Im deutschen Sprachraum fand der Indoktrinationsbegriff in den 1960er Jahren Eingang in den allgemeinen Wortschatz. In der Folge der Übernahme des US-amerikanischen Begriffs erhielt der Begriff eine *politisch gefärbte und pejorative Bedeutung*: „Indoctrination" diente in den USA in den 1930er Jahren zur Kennzeichnung der Vorgehensweise politischer Gegner, insbesondere des kommunistischen Regimes der UdSSR, sowie aus US-amerikanischer Perspektive nach 1945 zur denunzierenden Charakterisierung der Schulungsarbeit in der sowjetischen Besatzungszone. Seine politisch gefärbte und pejorative Bedeutung hat der Begriff im allgemeinen Sprachgebrauch bis heute beibehalten. Nachdem in der Bundesrepublik Deutschland das sog. Indoktrinationsverbot verfügt (vgl. Deutscher Bildungsrat 1970) und Indoktrination seither vor allem als Problem eines die Schüler/innen gerade nicht zur Mündigkeit führenden Unterrichts betrachtet worden war, konnte Indoktrination nun – in der Aufarbeitung der deutsch-deutschen Geschichte – zu einem *der 'anderen' Seite* (jenseits der ehemaligen Mauer) *vorbehaltenen* (und damit weiterhin unpädagogischen) *Ausschlussbegriff* stilisiert werden.

Ein *pädagogisches*, an der Gegenwart orientiertes Verständnis von Indoktrination, so die These des vorliegenden Beitrags, zeichnet sich allerdings dadurch aus, dass der Begriff nicht länger projektiv zur Erhaltung und/oder Errichtung von Feindbildern verwendet und auf totalitäre Regimes oder Fragen des Religionsunterrichts[1] beschränkt wird, sondern dass der Blick vielmehr auf Indoktrination *als alltägliches Phänomen* gelenkt wird. In diesem Zusammenhang ist zwischen 'indoktrinärer' Absicht (bzw. Tendenzen) und 'indoktrinierender' Wirkung zu unterscheiden, ohne dass etwaige Diagnosen der (potentiellen) Wirkungslosigkeit indoktrinierender Bemühungen (bzw. Vorgaben) bereits dazu führen könnten, durch Verweise auf resistenzerzeugende Sozialisationsmuster in modernen Gesellschaften oder das 'Technologiedefizit' von Erziehung das Problem einfach beiseite zu schieben. Mit anderen Worten: Erst als *pädagogischer* Begriff kann Indoktrination als ein – durch das Wissen um bzw. das Bewusstsein

---

1 Vgl. hierzu auch den Beitrag von Joachim Willems in diesem Band.

von Alternativen und die Konstruiertheit von Perspektiven – immer wieder zu relativierender Bestandteil pädagogischen Denkens und Handelns auch innerhalb demokratischer Gesellschaften gesehen werden.² Indoktrinäre Absichten beziehungsweise Tendenzen zeigen sich danach in der gegenwärtigen Fokussierung auf „Effizienz- und Effektivitätssteigerung des Lernens" ebenso wie auch im „'Schweigen' [der Medien, A.S.] bei möglichen unmittelbaren kritischen Rückfragen".³

Der vorliegende Beitrag rekonstruiert die Geschichte(n) des Indoktrinationsbegriffs (Teil 1 u. 2) und entwickelt im Anschluss daran Thesen für einen zukünftigen Umgang mit dem Indoktrinationsbegriff (Teil 3).

1 Vorgeschichte: Problemgenese im 17. und 18. Jahrhundert

So selbstverständlich die Abgrenzung zwischen Indoktrination und Erziehung⁴ heute erscheinen mag: sie ist doch ein historisches Produkt, im Übergang von der Mitte des 17. Jahrhunderts zum Ausgang des 18. Jahrhunderts entstanden, vorbereitet unter anderem durch einen Wandel in den Bildungsvorstellungen im Übergang vom Mittelalter zur Neuzeit. Bildung wurde hier nicht länger als „Einbildung" Gottes in die menschliche Seele begriffen (oder als Einbildung des Menschen in Gott; vgl. hierzu auch Schaarschmidt 1931; Dohmen 1964; Lichtenstein 1966), sondern verlagerte sich auf das Individuum, und der Mensch begann als Bildner seiner selbst in den Mittelpunkt zu rücken.

Der Wandel lässt sich im Übergang vom 17. zum 18. Jahrhundert beispielhaft anhand der Gegenüberstellung zweier Werke verdeutlichen: des „Poetischen Trichters" von Georg Philipp Harsdörffer, um 1650 entstanden und als „Nürnberger Trichter" bekannt geworden, sowie der Schriften Ernst Christian Trapps, hier vor allem „Vom Unterricht überhaupt" und dem dritten Abschnitt seines „Versuchs einer Pädagogik", die in den Jahren 1787 beziehungsweise 1780 veröffentlicht wurden. In zeitlichem Abstand von ungefähr 100 Jahren sind hier zwei – zum Teil allerdings implizite – Positionen entwickelt worden, deren Grundverständnis sich hinsichtlich des Lernens beziehungsweise des Vermittelns von Wissensstoff, obgleich beide bereits vom fortschreitenden Geiste der Auf-

---

2 Vgl. hierzu auch die Beiträge von Agnieszka Dzierzbicka und Elisabeth Sattler sowie von Antje Stache in diesem Band.
3 Vgl. hierzu den Beitrag von Konstantin Mitgutsch in diesem Band: 108/103.
4 Im Verlauf der Untersuchung wird deutlich, dass historisch gesehen unterschiedliche pädagogische Begriffe für eine abgrenzende Beschreibung herangezogen worden sind, u.a. Erziehung, Bildung, Unterricht und Lernen.

klärung durchdrungen,[5] so doch in einigen zentralen Punkten voneinander unterscheidet.

1.1 Wissen „mit einem drechter eingieszen"

Im Vorfeld steht zunächst eine Bedeutungserweiterung, die zudem auf eine allgemeine Bewusstseinslage der damaligen Zeit hinweist. So erhält der Begriff des „Trichters" zu Beginn des 16. Jahrhunderts zusätzlich die Bedeutung des Einflößens oder Eingießens von geistigen, meist verstandesmäßigen Kenntnissen und Fertigkeiten (vgl. Deutsches Wörterbuch [1885] 1984: 424ff.). Entsprechend erscheint in den Jahren 1648-1653 G. Ph. Harsdörffers „poetischer Trichter", dessen Untertitel das Anliegen des Werkes verrät: „Die Teutsche Dicht- und Reimkunst / ohne Behuf der Lateinischen Sprache / in VI. Stunden einzugiessen". Heute dient der – in Nürnberg erschienene – „poetische Trichter" häufig als Beispiel für eine Form des Belehrens, besser: des „Eintrichterns" von Wissen, die – umgangssprachlich – mit „Indoktrination" gleichgesetzt wird. Und doch scheint diese Bezeichnung und die damit verbundene Bewertung in der Regel weniger auf eine Kenntnis des Inhalts als vielmehr auf die Verwendung der Metapher des Eintrichterns, zurückführbar zu sein. Tatsächlich stellt sich der Sachverhalt differenzierter dar: In drei Teilen wird der – autodidaktisch angeleitete – Leser mit den Grundlagen der deutschen Dicht- und Reimkunst vertraut gemacht. Dabei wird das Erlernen von Kenntnissen und Fertigkeiten zunächst als Nachahmung, als „imitatio" von Vorgefundenem betrachtet.[6]

Eine damit einhergehende fehlende Eigenständigkeit und Kreativität werden noch nicht als problematisch erfahren. Die Eigenständigkeit der Leistung scheint sich vielmehr – in einem zweiten Schritt – gleichsam selbstverständlich,

---

5 Charakteristisch für die Bildungsvorstellungen des 17. Jahrhunderts ist insbesondere die Besinnung auf die Muttersprache verbunden mit einer Suche nach allgemeinen Gesetzmäßigkeiten der Erziehung, wie sie auch bei Wolfgang Ratke und Johann Amos Comenius deutlich wird.

6 „Das Gedicht/dahin dieses Buch meinsten Theils abzielet/hat eine grosse Vereinbarung mit di Mahleren. Ein Mahler aber muß anfänglich andere geringe Gemähle für die Hand nehmen/selbe nachzeichnen/die Freundschafft un Feundtschafft der Farben erlernen/ihre Mischung Liecht un Schatten verstehen/und wan er darinnen geübet/so ist die Natur sein bester Lehrmeister dere er Kunstrichtig nachzuahmen verbunden ist. Gleicher Weise muß der Redner erstlich andre wolgestelte Reden oder Gedichte lesen/ihre wolgeführte Wort beobachten/ihnen die Meisterstreiche/die zierlichen Figuren/die natürlichen Beschreibungen/Wortgleichheit/Gegensätze ec. ablernen/und als dann seine Gedanken zu Raht ziehen ..."; Harsdörffer [1648-1653] 1969, 3. Teil: 36f. Vgl. hierzu auch Ratkes Grundsatz, dass der Schüler zuzuhören habe und weder zu reden noch zu fragen habe: „Omnia agat praeceptor"; vgl. Ratke 1967: 12-21.

automatisch, einzustellen.[7] Sie ergibt sich – auf einem fortgeschrittenen Niveau –
im Anschluss an die erste Phase der Imitation (vgl. Ratke 1967: 37). – An diesem Beispiel wird bereits deutlich, dass die umgangssprachliche Zuschreibung,
die den „Nürnberger Trichter" heute bisweilen begleitet, hier würde – intentional
– Indoktrination betrieben, sich kaum halten lässt. Darüber hinaus wird gleichfalls deutlich, dass ein Problembewusstsein hinsichtlich einer möglichen beziehungsweise notwendigen Unterscheidung zwischen dem rein passiven Erwerb
von Kenntnissen und Fertigkeiten und der aktiven, individuellen Neugestaltung
von Wissen zu der Zeit noch nicht besteht. Mit anderen Worten: Der Vorwurf
der Indoktrination dürfte hier auch deshalb nicht greifen, weil er einer ahistorischen Problemübertragung entspräche.[8]

Harsdörffers Werk nimmt hier in gewisser Weise eine Mittlerposition ein
zwischen – auf der einen Seite – mittelalterlichen, religiös geprägten, Bildungsvorstellungen (vgl. hierzu z.B. Harsdörffer [1648-1653] 1969: 244), einer damit
verbundenen dogmatisch-scholastischen Haltung hinsichtlich der „Einprägung"
von Lerninhalten und dem mit der beginnenden Aufklärung einsetzenden Anspruch auf eine kritische und eigenständige Reorganisation übermittelten Wissens auf der anderen Seite.[9]

1.2 „Mit eignen Augen" sehen lernen

Problematisiert und als ein – ausdrückliches – pädagogisches Anliegen formuliert wird der Übergang von der „imitatio" zur Eigenständigkeit einer kritischen

---

7 „Wir sollen den Bienen nachahmen/und was wir in unterschiednen Büchern gelesen/unterschiedlich bemerken; nachmals aber mit verständigem Fleiß zusammen mischen/dass ob man gleich wissen kan/woher es genommen/jedoch etwas anders daraus gemachet worden/als es gewesen"; Harsdörffer ebd.: 54. In seinen didaktischen Prinzipien spricht sich z.B. Ratke gegen eine harte „Zucht" aus; so solle alles „ohne Zwang" und „nach Ordnung oder Lauf der Natur" geschehen; vgl. Ratke 1967.
8 Tatsächlich trat der Anspruch auf eine notwendige Unterscheidung zwischen pädagogischer Tätigkeit und indoktrinierenden Maßnahmen historisch erst mit der weiteren Entkopplung der Vorstellungen von menschlicher Bildung und religiöser Demut auf, durch die der Mensch moralisch noch weniger als bisher angewiesen war, sich nach dem Vorbilde Gottes zu formen oder gar höchste Bildung erst in der Entbildung seiner selbst zu empfangen.
9 So verknüpft Harsdörffer die Begriffe „Verstand" und „Freiheit" bereits in einer Weise miteinander, wie sie typisch für die – spätere – Aufklärungsepoche ist; vgl. Harsdörffer ebda.a.O.: 206. Es wird als selbstverständlich vorausgesetzt, dass Wissen nicht nur übernommenes Wissen ist, sondern vielmehr selbsttätig geordnet wird. Gleichfalls charakteristisch dürfte das für die pädagogischen Ideen z.B. Comenius' und Ratkes gewesen sein; die Bezeichnung „kritisch" und „eigenständig" haben damals natürlichfreilich noch nicht eine so weitreichende Bedeutung gehabt, wie sie uns heute selbstverständlich ist.gehabt.

Sichtweise erst später, so etwa bei Ernst Christian Trapp, in seinem „Versuch einer Pädagogik".

> Da die Jugend leichtgläubig ist, und ihrer Natur nach nicht anders sein kann: so scheint der Zweck des Unterrichts, der im Glauben an die Worte des Lehrers besteht, nicht schwer zu erhalten zu sein. Indessen ist hier folgende nicht unerhebliche Schwierigkeit. Der Schüler soll mehr lernen, als bloß an den Lehrer glauben; man soll seine Vernunft bearbeiten und seinem Verstand aufhelfen, dass er mit eignen Augen sehe. Diese Aufklärung führt aber unvermeidlich zum Widersprechen und zum Zweifeln (Trapp [1780] 1977: 311).[10]

Nur auf diese Weise könne, so Trapp weiter, die Grundlage für die notwendige Toleranz innerhalb der Gesellschaft geschaffen werden.[11] Aus pädagogischer Sicht, und das heißt konkret: spätestens seit der Epoche der Aufklärungspädagogik, gehört die einander ausschließende Differenz damit zur vorherrschenden Betrachtungsweise – wenn auch nicht begriffsexplizit. Also: Wer indoktriniert, erzieht nicht, und umgekehrt! So haben mit Indoktrination verbundene Vorstellungen die pädagogische Theoriebildung seit immerhin gut zwei Jahrhunderten mitbestimmt: Indoktrination wurde hier verstanden als eine Form des Unterrichts, der sich mit den Zielen der Aufklärung, vor allem den Ideen einer Selbsttätigkeit, Selbstbestimmung und Mündigkeit des Menschen nicht verträgt. Sie wurde gleichgesetzt mit „bloßem Auswendiglernen", „Eintrichtern", dem Setzen des Schülers als „passives Objekt" und ähnlichem. Bereits Trapp geht gegen diese Tätigkeit des Indoktrinierens vor, ohne freilich den Begriff zu verwenden.[12]

2 Geschichte: Begriffsvariationen im 20. Jahrhundert

2.1 Menschen „umerziehen"

Betrachtet man die Rolle von Indoktrination nach der begrifflichen Übernahme in die deutsche Sprache (nicht in die pädagogische Fachsprache!) in den 1960er Jahren, so ist folgendes festzustellen: Der Indoktrinationsbegriff erweist sich –

---

10 Interessanterweise findet sich in der pädagogischen Gegenwartsliteratur wiederum der Hinweis auf indoktrinierende Tendenzen bei Trapp, z.B. bei Schwenk 1974: 16.

11 „Nach der Meinung vieler Männer von Einsicht kann man der Jugend keinen grössern Dienst thun, als wenn man sie bescheiden zweifeln lehrt. Dis ist der Grund aller Toleranz, und Toleranz ist die notwendigste Tugend in der Gesellschaft"; Trapp [1780] 1977: 312.

12 „Man stellt Sachen oder Begriffe zusammen, damit der Verstand vergleichen, prüfen, unterscheiden und Regeln finden lerne. Dies ist der eigentliche Weg, denken zu lernen und Selbstdenker zu bilden. Vor-vergleichen, vor-unterscheiden und vor-entscheiden bildet Vorurteil und Nachbeter"; Trapp [1787] 1964: 25f.

zunächst – als ein primär *politischer*, nicht jedoch als ein *pädagogischer* Begriff, der im Zuge der alliierten Besatzungspolitik nach dem Zweiten Weltkrieg vor allem zur denunzierenden Bezeichnung der Schulungsarbeit in der sowjetischen Besatzungszone, aber auch zur Kennzeichnung des Vorgehens des ehemaligen NS-Regimes verwendet wurde. Vor allem von amerikanischer Seite wurde „der Umerziehungspolitik die Rolle der ideologischen Gegenposition zur kommunistischen Indoktrinierung in der Sowjetzone" zugeschrieben (Bungenstab 1970: 44). In der pädagogischen Fachliteratur fand sich der Indoktrinationsbegriff eher am Rande, unexpliziert, so zum Beispiel bei Hans-Jochen Gamm.[13]

Für andere Autoren schienen die Umerziehungsbemühungen der westlichen Alliierten selbst einen quasi-indoktrinierenden Charakter zu tragen (vgl. Schrenck-Notzing 1965).[14] „Auf der Einsicht in die Kollektivschuld baute dieses ganze Konzept der Umerziehung auf, indem es vor allem darum ging, den Deutschen eine neue Moral beizubringen" (Lange-Quassowski 1979: 108). Und: Bevor die Deutschen „viele harte Lektionen" erteilt bekommen würden, hätten sie erst einmal etliches „zu verlernen" (ebd.). Auf diese Weise ergab sich folgende – scheinbar paradoxe – Situation: Der ehemaligen Umerziehung durch das nationalsozialistische Menschenbild wurde eine weitere Umerziehungsbemühung entgegengehalten, nur diesmal unter dem Vorzeichen der Demokratisierung. Beide Erziehungspraktiken konnten letztlich mit Schlagwörtern wie „Indoktrination", „Charakterwäsche" oder „Propaganda" versehen werden.[15]

Wir stehen hier also vor dem Dilemma, dass, sofern von den vermittelten Inhalten abstrahiert wird, jegliche Umerziehungsbemühungen als Indoktrination bezeichnet werden können.

2.2 Zur „Urteils- und Konfliktfähigkeit" erziehen

Wenngleich in expliziter und systematischer Hinsicht in den fünfziger und sechziger Jahren noch nicht vorhanden, so bildete die Unterscheidung zwischen „guter" Erziehung und „schlechter" Indoktrination, im Sinne einer „Umerziehung",

---

13 Gamm schreibt über Hitlers „Erziehungsarbeit": „Es war eine Erziehung für die 'letzte größte Entscheidung auf dem Erdball' zu leisten: Eine Umwälzung der Welt stand bevor, zum Heil der arischen Menschheit oder zum Triumph des ewigen Juden. Dazu bedurfte es übermenschlicher Anstrengungen, es bedurfte der Indoktrination"; Gamm 1964: 47.
14 So lautete die Aufgabe der so genannten Reeducation-Programme unter anderem, „das politische Bewusstsein der Deutschen zu beeinflussen, die Deutschen von ihren traditionellen autoritären Denk- und Verhaltensmustern ... abzubringen und zu demokratischem Denken und Handeln zu erziehen"; Bungenstab 1970: 164.
15 Zur Unterscheidung zwischen Indoktrination, Gehirnwäsche, Manipulation, Propaganda u.a. Begriffen vgl. auch Stroß 1989: 724f.

doch bereits ein wichtiges Merkmal innerhalb der pädagogischen Debatte um „politische Bildung" zur damaligen Zeit. Als Bestandteil des Reeducation-Programms der westlichen Besatzungsmächte lautete die entsprechende Zielsetzung „Demokratieunterricht". Im Anschluss an ein eher harmonistisch ausgerichtetes Ordnungsmodell der fünfziger Jahre (vgl. Groothoff 1957: bes. 30f.) wurde in den sechziger und siebziger Jahren des 20. Jahrhunderts das so genannte Konfliktmodell für den politischen Unterricht entwickelt. Hier verbanden sich Vorstellungen wie Erziehung zur Urteils- und Kritikfähigkeit, Erziehung zur Verantwortung und zu politischem Engagement miteinander (vgl. z.B. Giesecke 1973). Die Ausrichtung auf emanzipatorische Lernziele ließ eine Neuorientierung innerhalb der politischen Bildungsdebatte erkennen. Die Notwendigkeit zu Widerspruch und Zweifel – bei Trapp bereits in Ansätzen zwei Jahrhunderte zuvor formuliert – wurde erneut, und zwar radikaler denn je, hervorgehoben (vgl. Giesecke 1973: bes. 143/144). Die dargestellten Kompetenzen von Heranwachsenden: Demokratie- und Konfliktfähigkeit, behielten auch in den folgenden Jahren, im Rahmen der expliziten pädagogischen Debatte um Indoktrination, ihren zentralen Stellenwert.

2.3 Exkurs: „Indoktrination" in der Pädagogik zwischen 1974 und 1989

Blickt man auf die pädagogische Theorie-Diskussion seit den 1970er Jahren bis 1989 im deutschsprachigen Raum zurück, so scheint Indoktrination in diesem Zeitraum kein zentrales Thema für Erziehungswissenschaftler/innen gewesen zu sein (vgl. hierzu auch Spiecker 1989: 347).[16] In der pädagogischen Diskussion taucht der Begriff in den sechziger Jahren erstmals auf (vgl. Gamm 1964: 47; vgl. hierzu auch Maier 1978: 185).

Die Untersuchung von Indoktrinationsvorstellungen (im Vergleich zu Vorstellungen über Erziehung, Bildung, Unterricht und Lernen) wird in der folgenden Analyse auf die ehemalige Bundesrepublik Deutschland, und auf den – in systematischer Absicht verwendeten – Indoktrinationsbegriff beschränkt.[17] Zu-

---

16 Im angloamerikanischen Sprachraum taucht der Begriff – mit negativer Konnotation – erstmals in den zwanziger Jahren des 20. Jahrhunderts auf, vgl. hierzu Encyclopedia 1943: 393f.; Snook 1972a, 1972b.
17 Für die folgende Auswertung wurden pädagogische Schriften, Monographien, Zeitschriften- und Sammelbandartikel aus verschiedenen Datenbänken, u.a. FIS-Bildung (Stand: Mai 1991) herangezogen. Dort lassen sich für den Untersuchungszeitraum von 1974 bis 1989 zwei Monographien sowie zwölf Artikel, zumeist aus pädagogischen Fachzeitschriften nachweisen, die den Indoktrinationsbegriff im Titel führen. – Mittlerweile enthalten FIS-Bildung und die Verbunddatenbank GBV für den Zeitraum 1970 bis 1989 elf weitere Einträge: Lott 1972; Strezelewicz 1974; Brüggemann 1974; Langmack 1974; Gerken 1975; Kolb 1980; Schörken 1981;

nächst soll dargelegt werden, inwiefern in den untersuchten Arbeiten eine Unterscheidung zwischen Erziehung und Indoktrination getroffen wird und worin diese Unterscheidung besteht. Anschließend wird die Frage nach der Plausibilität vorgelegter Begründungen sowie die Leistungsfähigkeit der Unterscheidung zwischen Erziehung und Indoktrination erörtert werden.

Die Auswertung der untersuchten Literatur zeigte folgendes: Eine Unterscheidung zwischen dem Anspruch auf Erziehung, der anhand verschiedener Termini spezifiziert wurde, so vor allem „Aufklärung" (vgl. Dörr 1983), „Emanzipation" (vgl. Zenke 1983), Eigenständigkeit des „Denkens" (vgl. Reboul 1979), „Selbstbestimmung" (vgl. Lorenz 1987), Entwicklung von „Sachverstand" (vgl. Schmidtendorf 1983), „kritische Berufsorientierung" (vgl. Schmidt 1985), „Urteilsbildung" (vgl. Schreiner 1987), Entwicklung „intellektueller Tugenden" und „rationaler Emotionen" (vgl. Spiecker 1989) auf der einen Seite und dem – ausnahmslos negativ konnotierten – Aspekt der Indoktrination auf der anderen Seite wurde durchgängig getroffen. Das Bemühen um eine explizite Begriffsklärung von „Indoktrination" wurde, hier unter Bezug auf bereits bestehende Literatur, in nur fünf der insgesamt 14 Textvorgaben deutlich; in den anderen Fällen wurden entweder sehr vage bleibende Definitionsversuche, in der Regel in Anlehnung an ein allgemeines Alltagsverständnis, unternommen, oder der Indoktrinationsbegriff blieb gänzlich ungeklärt.[18]

Für die vorliegenden Texte lässt sich festhalten, dass Erziehung und Indoktrination ausnahmslos als einander ausschließende, wenngleich zum Teil gemein-

---

Evers 1985; Schreiner 1986; Rathmayr 1987; Duchrow 1988. Nach Durchsicht der neu hinzugekommenen Literatur lassen sich die o.g. Analyseergebnisse in ihren wesentlichen Aussagen bestätigen; in der Mehrzahl der hier genannten Schriften, so auch in der 1974 veröffentlichten Monographie von Brüggemann, erfolgt keine explizite und systematische Auseinandersetzung mit dem Indoktrinationsbegriff.

18 So schreibt Karl Ernst Maier: „Indoktrination ... kennzeichnet eine Fehlform menschlicher Beeinflussung, die ... auf die Selbstentscheidung (! A.S.) des Individuums keine Rücksicht nimmt"; Maier 1978: 184. Für Hans Dörr heißt „Indoktrinieren ...: politische Sachverhalte bewusst einseitig dar[zu]stellen in der Absicht, den Schüler dadurch eine eigene Position und das eigene Urteil (! A.S.) aufzunötigen"; Dörr 1983: 601. Heinz Bielefeldt definiert: „Indoktrinieren bedeutet, dass eine Überzeugung dauerhaft und unauslöschlich eingeprägt (! A.S.) wird"; Bielefeldt 1982: 77. Und für Ben Spiecker bedeutet „indoktrinieren ... vorsätzlich (die Entwicklung der) kritische(n) Dispositionen der Studenten [zu] unterdrücken"; Spiecker 1989: 350. Eine differenzierte Analyse der Unterscheidung zwischen „Indoktrination" und einer Erziehung zu „selbständigem Denken" im Unterricht leistet Olivier Rebouls Monographie; vgl. Reboul 1979. Rebouls Definition (1979: 120) lautet verkürzt: „Weder Absicht, noch Doktrin oder Methode" entscheiden darüber, ob Unterricht (! A.S.) zur Indoktrination wird, entscheidend – so Reboul – sei vielmehr die Verkehrung der eigentlichen Ziele des Unterrichts, die anstelle des Erwerbs von selbständigem Denken, Urteilen und Verstehen bloße Reproduktion von Dogmen „sinnentleerte Formeln" setzen würde; vgl. ebd.: 108.

sam auftretende Begriffe betrachtet wurden.[19] Die Unterscheidung wurde zum einen aufrechterhalten durch den Glauben an a) den aufklärerischen Effekt von Unterricht, b) die Entwicklung(smöglichkeit) rationaler Fähigkeiten seitens der Heranwachsenden und c) die Fähigkeit zum flexiblen Umgang mit jeweils eigenen Normen, Wertvorstellungen und Anschauungen seitens der Lehrerschaft. Mit anderen Worten: Indoktrination wurde primär als intentional bedingt gesehen;[20] zum anderen zeigte sich die Tendenz, Indoktrination als eine eher strukturell angelegte Komponente zu betrachten, die die Institution Schule im Sinne des „heimlichen Lehrplans" begleitet und den aufklärerischen Intentionen des Unterrichts quasi zwangsläufig entgegenstehen musste (vgl. Schwenk 1974: bes. 20; vgl. auch Schmidtendorf 1983; Schmidt 1985 sowie Zinnecker 1975).[21]

Im Rahmen der durchgeführten Analyse zeigte sich des weiteren eine Unterscheidung zwischen „offener" und „latenter" Indoktrination, wobei unter offener Indoktrination „extreme Arten der 'Bewusstseinsvergewaltigung'" verstanden wurden, so etwa die Erziehung in der Zeit des Nationalsozialismus in Deutschland, während die latente Indoktrination sich darin äußerte, dass die Betroffenen, zumeist Schülerinnen und Schüler, in einer rezeptiv-passiven Haltung belassen wurden (vgl. hierzu auch Stroß 1989: 723). Führt man die in den einzelnen Artikeln getroffenen Aussagen über die verschiedenen Bereiche beziehungsweise Aspekte einer „Gefährdung durch Indoktrination" zusammen, so zeigt sich die sehr weite Auslegung des Indoktrinationsbegriffes.

Schließlich erwies sich die Unterscheidung zwischen Indoktrinationsinhalten, -methoden und -zielen als relevant.[22] Vor allem unter Bezug auf Literatur aus dem angloamerikanischen Sprachraum (vgl. Snook 1972a, 1972b; vgl. auch Thiessen 1982) wurde die so genannte „Doktrin", also der Inhalt, ins Zentrum einer Unterscheidung zwischen Erziehung und Indoktrination, genauer zwischen aufklärerischem und indoktrinierendem Unterricht, gerückt (vgl. Groh 1984; Reboul 1979: bes. 69f.) Der Vorwurf der Indoktrination wurde unter der Voraussetzung einer hier angenommenen inhaltlichen Priorität umfassend geltend ge-

---

19 So wurde auch Kohlbergs Versuch, Indoktrination als einen notwendigen Bestandteil der Moralerziehung zu sehen, kritisch hinterfragt; vgl. hierzu Schreiner 1987 und Spiecker 1989.
20 Diese Tendenz zeigt sich u.a. auch in dem im Lehrplanrecht so bezeichneten Indoktrinationsverbot; vgl. Deutscher Juristentag 1981 sowie Nitzschke/Sandmann 1987: 32f.
21 Interessanterweise entspricht die Tendenz, Indoktrination entweder fast ausschließlich unter intentionalen oder unter strukturellen Aspekten zu betrachten, einer historisch-kulturell herausgebildeten Differenz: Während sich der angloamerikanische Indoktrinationsbegriff hauptsächlich auf Beziehungen zwischen Personen richtet, das heißt also intersubjektive Konstellationen erfasst, wird Indoktrination im französischen Sprachraum als strukturell bedingt betrachtet und schließt eine Kritik an der Institution Schule stets mit ein; vgl. Snook 1972a, 1972b; Bechler 1985 sowie Reboul 1979. In der deutschsprachigen Literatur wurde indes eher auf den angloamerikanischen Begriff zurückgegriffen.
22 Dabei wurde die These von der Indoktrination durch Inhalte eher kritisch rezipiert.

macht, und er erfolgte auf der Basis einer – für möglich gehaltenen – Unterscheidung zwischen „objektiven" Fakten und „subjektiven" Urteilen sowie zwischen nicht wertenden Aussagen und solchen mit moralischem Charakter. Gegen diese Auffassung wurden Einwände von verschiedener Seite erhoben.[23] Alternativ wurde die Priorität des methodischen Aspekts hervorgehoben, indem – so wurde festgestellt – den Lernenden nicht ausreichend Gelegenheit gegeben wird, kognitive Möglichkeiten des Überprüfens und Beurteilens zu nutzen (vgl. Maier 1978: 185). Betont wurde, Indoktrination erfolge niemals zufällig, sondern sei stets intendiert (vgl. z.B. Spieker 1989: 350). – Neben dem Hinweis auf die methodische Problematik wurden schließlich die Ziele in den Fokus gerückt und als „wirkliches Kriterium der Indoktrination" bezeichnet (Reboul 1979: 121).[24]

Während sich der „erzieherische Anspruch" – inhaltlich – im „Anbieten pluraler Weltanschauungen, Normen und Werte" ausdrückte, äußerte sich Indoktrination im Verbreiten von „Überzeugungen" mit dem „Status nichtfalsifizierbarer oder offenbarter Wahrheit". Hierbei wurde vornehmlich auf Gefühle wie Angst und Schuld sowie auf – bewusst – einseitige Darstellungen rekurriert, die eine dauerhafte Veränderung („Umerziehung") von Überzeugungen beziehungsweise eine Ver- oder Behinderung der „Entwicklung zu selbständigem Denken" zur Folge haben würden. Demgegenüber wurde der „erzieherische Anspruch" einer „Erziehung zur Mündigkeit" (sowie der damit verbundenen Befähigung zu kritischer Reflexion und selbständigem Denken) erhoben. Eine nicht-intentionale, strukturkritische Sichtweise wies überdies auf das fehlende Bewusstsein von bestehenden Herrschaftsstrukturen hin und postulierte ein kritisches „Hinterfragen" derselben. Indoktrination wurde hier also einem Begriff von Erziehung gegenübergestellt, der sich aus dem Postulat der Aufklärungspädagogik herleitet: Erziehung zur Mündigkeit und Selbstbestimmung des Menschen. Festhalten lässt sich, dass keine positiven Aussagen über nicht indoktrinierende Erziehungsmittel/-methoden gemacht wurden (vgl. auch Spieker 1989: 351ff.) und dass hinsichtlich der indoktrinierenden Erziehungsmittel und -methoden inhaltlich nicht, oder nur sehr ungenügend, differenziert wurde, obgleich die Unterscheidung formal durchaus getroffen wurde (vgl. Reboul 1979).

---

23 So wurde etwa die Darstellung eines Sachverhalts als „objektiv gegebene Tatsache" selbst bereits wieder als Indoktrination bezeichnet, z.B. Maier 1978: 184f.; oder es wurde der Anspruch auf Wertfreiheit als in der Praxis letztlich nicht durchführbar betrachtet, z.B. Schmidtendorf 1983: 54; schließlich wurden indoktrinative Tendenzen als abträglich für eine „emanzipatorische Werterziehung" gesehen, Zenke 1983: 515; vgl. auch Lorenz 1987.

24 Reboul trifft hier eine (nicht immer eindeutige) Unterscheidung zwischen Mitteln und Methoden, Zielen und Intentionen, auf die aber an dieser Stelle – zumal begrifflich von ihm nicht trennscharf durchgeführt – nicht näher eingegangen werden soll; vgl. hierzu Reboul 1979: 120-132.

2.4 „Indoktrinieren" als Absicht totalitärer Systeme (Pädagogik nach 1989)

Nach dem Zusammenbruch des Sowjetregimes und dem Mauerfall wird der Indoktrinationsbegriff innerhalb des deutschen pädagogischen Diskurses neu aufgegriffen. Dieser Zeitraum bildet gleichsam eine zweite Phase der pädagogischen Diskussion zur Indoktrination. Anstelle der 'alten' Diskussion zur notwendigen Mündigkeit und Kritikfähigkeit von Schülerinnen und Schülern dient der Indoktrinationsbegriff nach 1989 vornehmlich der kritischen Diskussion von Erziehung und Unterricht innerhalb totalitärer Systeme (DDR und Nationalsozialismus). Darüber hinaus findet der Indoktrinationsbegriff – und zwar mit steigender Tendenz – Verwendung bei der Diskussion von Fragen der religiösen (u.a. islamischen) Erziehung und des Religionsunterrichts. Werden die beiden ersten Themenfelder separat betrachtet, zeigt sich bei den zwischen 1990 und 2006 veröffentlichten pädagogischen Schriften (20 Monographien, Sammelband- und Zeitschriftenartikeln)[25] eine annähernde Gleichverteilung.[26]

Charakteristisch für die neue Diskussion zur Indoktrination ist die (frühe) Position Günter Schreiners[27], der mit einer für den nachfolgenden Diskurs typischen Dichotomisierung arbeitet: nämlich der Unterscheidung zwischen offenen (demokratischen) vs. geschlossenen (totalitären) Gesellschaften. Dieser Unterscheidung entspricht die dichotome Zuordnung von Indoktrination als Kennzeichen geschlossener Gesellschaften vs. (einer als 'dialogorientiert' bezeichneten) Erziehung als Merkmal offener Gesellschaften (vgl. Schreiner 1992: 194f.).

In Abweichung zur einschlägigen pädagogischen Fachliteratur der 1970er und 1980er Jahre ist allerdings der explizite Bezug auf das Stufenmodell moralischer Entwicklung nach Kohlberg, wie er sich bei Schreiner vor und nach 1989 zeigt (vgl. Schreiner 1987, 1992), nicht mehr charakteristisch für den Diskurs zur Indoktrination in totalitären Systemen.[28] So wurde das Ziel der dialogischen Moralerziehung hier vor allem in einer moralischen Urteils- und Kommunikationskompetenz gesehen, an deren Beginn eine „subjektbezogene *Wertklärung*" (ebd.: 198) stehen und deren Ziel die gemeinsame Festlegung von Regeln wie

---

25 Für die folgende Auswertung wurde auf Titelnennungen in der Datenbank FIS-Bildung (Stand: Oktober 2006) zurückgegriffen. Eine Reihe weiterer pädagogischer Projekte sowie daraus resultierende Schriften, die sich mit Indoktrination in totalitären Systemen beschäftigt haben, z.B. Leschinsky/Kluchert 1998, Gruner/Kluchert/Leschinsky 1999, ist in nachfolgenden Beiträgen dieses Bandes – vor allem bei Henning Schluß und Elena Demke – ausgewertet worden.
26 Hierbei kommt der thematischen Befassung mit Indoktrination in der DDR bereits ein leichtes Übergewicht zu (7:6:5 im Verhältnis DDR, religiöse Erziehung, Nationalsozialismus).
27 Der vorliegenden Analyse nach ist Schreiner der einzige Autor, der sich am pädagogischen Diskurs zur Indoktrination in der Zeit vor und nach 1989 beteiligt hat.
28 Indoktrinative Moralerziehung wird bei Schreiner (1992: 196) als auf der Stufe der „verinnerlichte(n) Fremdbestimmung" stehend gedeutet: „Voraussetzung ... ist ... eine Weltanschauung, die unumstößlich festlegt, was gut und böse ist"; ebd.: 195.

auch Lösung von Konflikten sein soll, und zwar unter der für die Adressatinnen und Adressaten maßgeblichen gemeinsamen Fragestellung: „Für welche Werte sollen wir *uns* entscheiden, wenn mehrere Werte miteinander konfligieren?" (ebd.: 199). Die Grenzen der dialogischen Moralerziehung wurden dabei sowohl als an das Alter von Kindern gebunden betrachtet, wie auch an die institutionenübergreifende Wirkung einer im schulischen Kontext umsetzbaren dialogischen Moralentwicklung; denn – so Schreiner in Anlehnung an Edelstein – das Risiko „erscheint doch unübersehbar, dass die in einer Gerechten Schulgemeinschaft vermittelte Moral für die SchülerInnen segmentär bleibt, also nur für den Raum Schule Gültigkeit besitzt" (ebd.: 204).

Als weitere Besonderheit des Diskurses zur Indoktrination in totalitären Systemen nach 1989 zeigt sich, dass Literatur- sowie Sachbezüge auf die im Fachdiskurs zwischen 1974 und 1989 erarbeiteten und diskutierten systematischen Unterscheidungen kaum vorhanden sind.[29]

Schließlich zeigt sich die ebenfalls neue – und hauptsächlich an die Auswertung autobiographischer Literatur gebundene – Tendenz, neben der dichotomen Unterscheidung von Indoktrination in geschlossenen (totalitären) Systemen vs. Erziehung in offenen (demokratischen) Systemen, zugleich die Wirksamkeit indoktrinierender Maßnahmen unter totalitären Bedingungen zu relativieren.[30]

Den Rückblick abschließend kann deshalb festgestellt werden: Wurden in der ersten, mehrheitlich auf die Frage nach Indoktrination an westdeutschen Schulen bezogenen, Diskussionsphase (1974-1989) vor allem Indizien für offene wie auch latente Indoktrination im diesseitigen Bildungssystem gesucht und blieb die Frage nach der faktischen Wirksamkeit indoktrinärer Bemühungen dabei im Hintergrund (vgl. kritisch hierzu Stroß 1994: 64ff.), wird in der zweiten Diskussionsphase (1990 bis zur Gegenwart) mit der nun vorherrschenden Frage

---

29 Allerdings gibt es Ausnahmen, wie das anspruchsvolle wie innovative Herangehen durch die systematische Analyse von in der DDR in den 1950er Jahren veröffentlichten Fotografien, vgl. Wünsche 1996 u.a. sowie das dazugehörige, an der Humboldt-Universität zu Berlin angesiedelte DFG-Projekt „Umgang mit Indoktrination: Erziehungsintentionen, -formen und -wirkungen in deutschen ‚Erziehungsstaaten'" von Konrad Wünsche, Ulrike Mietzner, Ulrike Pilarczyk und Heinz-Elmar Tenorth.

30 „In den Schulerinnerungen der Schriftsteller", so schreibt Heinz-Elmar Tenorth, „wird die Brüchigkeit dieser Annahme [dass sich schulische Lernzumutungen und die gesellschaftlich-biographische Erfahrung der Lernenden einander bruchlos anpassen lassen] eindeutig sichtbar, sowohl im Blick auf die außerschulische Lebenswelt als auch im Blick auf Schule als Lebenswelt eigener Art"; Tenorth 1995: 345. Ein frühes Indiz für den hier vorgenommenen Perspektivenwechsel liefert der Beitrag von Hans-Peter Füssel, der nämlich moniert, die aktuellen Rechtsauffassungen zum Indoktrinationsverbot an Schulen hätten sich „des erziehungswissenschaftlichen Sachverstandes ... bedienen sollen", um zu klären wie „eigentlich die Meinungsbildung bei Schülern und Schülerinnen" verläuft und wie diese „auf ‚Indoktrination' reagieren" statt die Wirksamkeit indoktrinierender Maßnahmen einfach zu unterstellen; vgl. Füssel 1990: 10.

zur Indoktrination in totalitären Systemen die (tendenzielle) Effektlosigkeit indoktrinärer Bemühungen hervorgehoben – und dies bei gleichzeitiger Dichotomisierung auf der Systemebene durch die Unterscheidung von indoktrinierenden (totalitären) und nichtindoktrinierenden (demokratischen) Gesellschaften.

Festhalten lässt sich, dass die pädagogische Debatte im Rekurrieren auf Feindbilder und im Erzeugen dichotomer Unterscheidungen auf Systemebene sich auch nach 1989 gewissermaßen weiterhin an alten (politischen) Mustern abgearbeitet hat und solchermaßen durch ein überholtes Verständnis geprägt ist.[31] Gleichzeitig sind hier jedoch bereits die Weichen für ein neues – pädagogisches – Verständnis von Indoktrination gestellt worden.

3 Nach dem 'Ende der Geschichte': Indoktrination als Teil pädagogischer Bemühungen

In eine so zu bezeichnende dritte Phase würde die pädagogische Diskussion zur Indoktrination eintreten können unter Bedingungen einer *Entdichotomisierung*, *Veralltäglichung* und *Empirisierung* des Begriffs. Dabei gälte es nicht, den Indoktrinationsbegriff (in einem schlechten Sinne) zu entpolitisieren – ein solches Vorgehen würde den Begriff vielmehr geschichtsblind werden lassen und den gesellschaftlich-politischen Kontext pädagogischer Diskurse vernachlässigen –,[32] sondern es gälte vielmehr, ihn aus alten (politischen) Freund-Feind-Schemata herauszulösen und ihn als einen *pädagogischen* Begriff zu entwickeln. Das hieße: Indoktrination als alltäglichen Bestandteil wie auch als Gefährdungspotential pädagogischen Denkens und Handelns in offenen demokratischen Gesellschaften neu zu beleuchten, Indoktrination als graduelle Kategorie zu betrachten und in diesem Zusammenhang Operationalisierungskriterien für die Untersuchung von Indoktrination im pädagogischen Denken und Handeln zu entwickeln. Mit dem systematischen Anspruch wie auch der Frage nach der (latenten) Gefährdung durch Indoktrination innerhalb demokratischer Gesellschaften würde auf die Diskussion aus der ersten Phase (1970er Jahre bis 1989) zurückgegriffen, mit der Frage nach der tatsächlichen Wirksamkeit von Indoktrination würde zugleich der zweiten Phase (seit 1990 bis zur Gegenwart) Rechnung getragen werden können, hier allerdings ohne die dichotomen Makroschemata länger zu bedienen. Vor

---

31 So sehr die Begründung Heinz-Elmar Tenorths (1996: 342) auch einsichtig ist, wonach „Indoktrination ... gegenwärtig allein negativ besetzt [ist], und wohl aus verständlichen Gründen", weil „die Erfahrung des 20. Jahrhunderts ... dazu ebenso beigetragen haben [dürfte] wie die Diskussion über totalitäre Gesellschaften seit 1989", so problematisch ist doch die Verlängerung eben dieser negativen Konnotation ins 21. Jahrhundert hinein.

32 Zum Verhältnis von Pädagogik und Politik vgl. auch die systematische Analyse von Heid 1991.

diesem Hintergrund wäre ein explizit pädagogischer Indoktrinationsbegriff nach dem 'Ende der Geschichte' (d.h. nach dem Zusammenbruch des Sowjetregimes und der zugehörigen alten Feindbilder) anhand folgender Thesen zu entwickeln:

1. „Indoktrination" ist Bestandteil eines jeden pädagogischen Denkens und Handelns in demokratischen Gesellschaften.[33]
2. Gegenüber dem programmatischen Verbot und der Proklamation des vorhandenen Gefährdungspotentials in demokratischen Gesellschaften innerhalb der Diskussion der siebziger und achtziger Jahre des 20. Jh. ist „Indoktrination" als Merkmal offener Systeme im Anschluss an die Methodendiskussionen in den 1990er Jahren verstärkt (qualitativen wie auch quantifizierenden) empirischen Untersuchungen zugänglich zu machen.
3. Überprüft werden müssen in diesem Zusammenhang die Verwendungsmöglichkeiten bereits eingeführter Unterscheidungen. Als Bestandteil pädagogischen Denkens und Handelns in demokratischen Gesellschaften dürfte „Indoktrination" vor allem als latente und strukturelle Kategorie (hier: gegenüber der 'absichtsvollen und zielgerichteten Bewußtseinsvergewaltigung') relevant sein.[34] Wichtig dürfte auch die Unterscheidung von Inhalten, Methoden, Medien und Zielen (seit den 1970er Jahren)[35] sowie von Absichten und Wirkungen (seit den 1990er Jahren) sein.
4. Anhand verschiedener, ineinander *verschränkter* Differenzierungskategorien müssen die Möglichkeiten wie auch die Grenzen der operativen Verflüssigung und (nachfolgenden) empirischen Untersuchung von „Indoktrination" überprüft werden (hier z.B. die Unterscheidung von doktrinalen Inhalten, indoktrinären Absichten/Methoden/Zielen, indoktrinierenden Wirkungen; individueller, interaktiver, institutioneller, gesellschaftlicher Ebene).
5. Neben Erziehung (Bildung, Unterricht, Lernen) ist der Blick *in* der pädagogischen Diskussion (wieder) stärker auf Sozialisationsprozesse zu richten,

---

33 Tenorth sieht das ähnlich, wenn er schreibt, dass die „scharfe Abgrenzung von Erziehung und Indoktrination Mühe [macht]: In beiden Fällen geht es um die Einwirkung der (meist älteren) Generation auf die jüngere, in beiden Fällen ist diese Einwirkung mit der Absicht des Einwirkenden verbunden, die psychischen Dispositionen und den erstrebten Habitus des Adressaten dauerhaft zu beeinflussen, und zwar – aus der Perspektive des Einwirkenden – zum Besseren"; Tenorth 1996: 344.
34 Geschlossene Systeme (wie z.B. religiöse Sekten) innerhalb demokratischer Gesellschaften werden hierbei nicht berücksichtigt.
35 Problematisiert worden ist bereits in der didaktischen Diskussion der sechziger und siebziger Jahre des 20. Jahrhunderts die Trennung von Ziel/Inhalt und Methode/Medium. Demgegenüber ist die wechselseitige Abhängigkeit aller Faktoren anhand der Formulierung von der „durchgehenden Interdependenz" beziehungsweise des „didaktischen Implikationszusammenhangs" hervorgehoben worden; vgl. z.B. Heimann u.a. 1966; Blankertz 1980: 98f.

um strukturelle Indoktrinationstendenzen (z.b. durch Schule, Medien) als Merkmal offener Systeme erfassen zu können (vgl. Zinnecker 1975).
6. Weiterhin sind gesellschaftliche Interessen (z.b. ökonomistische Leitbilder), bewusste Zielsetzungen und Programme von Institutionen wie auch die (latenten) Wünsche und subjektiven Beweggründe[36] auf verschiedenen Ebenen zu untersuchen.
7. In diesen Zusammenhang gehören auch Untersuchungen zu den Resilienzfaktoren (z.b. durch das Gewähren individueller Handlungsspielräume in Institutionen) und den pädagogischen Einflussmöglichkeiten (etwa durch die erfolgreiche Vermittlung von Kompetenzen wie Entscheidungsfähigkeit, Toleranz) zur Vermeidung von „Indoktrination".
8. Darüber hinaus müssen aktive (inter)subjektive Strategien im Umgang mit „Indoktrination" untersucht werden (z.B. Ignorieren, Opponieren, Funktionalisieren). Gefragt werden muss beispielsweise, warum Jugendliche die ihnen unter politisch freiheitlichen Bedingungen (prinzipiell) gegebenen Denk- und Handlungsspielräume nicht nutzen und welche Hemmnisse sich zeigen (z.b. familiäre Bedingungen, schulischer, beruflicher Kontext, Bildungsniveau, individuelle Bewertungsmuster, Bewältigungsstrategien, Gruppenzugehörigkeiten, individuelle Identifikationswünsche und -zwänge).
9. Das heißt: Der pädagogische Indoktrinationsbegriff ist als objektiv wie auch (inter)subjektiv bedeutsame Kategorie zu generieren, wobei strukturelle Bedingungen, Interaktionsprozesse wie auch die (inter)subjektive Wirksamkeit von „Indoktrination" in den Blick genommen werden müssen.
10. Als empirisch-pädagogische Kategorie kann „Indoktrination" zugleich nicht länger entlang dichotomer Ausschlusskategorien entworfen werden.[37] Problematisiert und der empirischen Untersuchung zugeführt werden müssen stattdessen indoktrinative 'Anteile' oder 'Momente' im pädagogischen Denken (z.B. in Erziehungs- und Bildungsprogrammen, Leitbildern) und Handeln (z.B. im schulischen Unterricht).[38]

---

36 Vgl. hierzu ausführlicher Stroß 1994: 64ff.
37 Bei Klaus Mollenhauer (1996: 34) heißt es hierzu entsprechend: „Jeder Erziehungsvorgang wimmelt gleichsam von Indoktrinationen, das heißt von Lehren, deren Vermittlung nicht immer gleich schon mit den möglichen Zweifeln ausgestattet wird. Derartiges reicht, im Normalfall, weit in das Jugendalter hinein, und es gehört zum Normalfall jeder Erziehung." Seine – meines Erachtens für einen zeitgemäßen Umgang mit dem Indoktrinationsbegriff sinnvolle, weil dann nicht länger auf 'Feindbilder' rekurrierende – Empfehlung lautet deshalb „mit den 'leitenden Begriffen' gleichsam liberal um[zugehen], d.h. so, dass sie ihrer normativen Implikate ledig sind und deshalb nicht mehr dichotomisch ausgelegt werden müssen"; ebd.: 36.
38 Heinz-Elmar Tenorth erklärt hierzu, es gelte auf diesem Wege, „die Wirkungsweise der Erziehung, ihre Eigenlogik präziser als bisher" zu erhellen; Tenorth 1995: 349.

11. Solchermaßen erweist sich der pädagogische Indoktrinationsbegriff zugleich als graduelle Kategorie. Das heißt: Potentielle Gefährdungen beziehungsweise Resistenzen (sog. Resilienzfaktoren) von Einzelnen, Gruppen usw. können danach – zumindest modellhaft – aus der Verflechtung und dem Zusammenwirken einzelner Elemente einschließlich kontextueller Bedingungen dargestellt werden. Bedeutsam sind sowohl überdauernde Strukturmomente (zu denen beispielsweise auch Wiederholungen und Dauerhaftigkeit gehören) ebenso wie institutionelle und (inter)subjektive Prozessstrukturen (in diesen Zusammenhang gehört z.B. auch die Frage nach der Reversibilität indoktrinativer Prozesse).

12. Gegenüber einer reduktionistischen Betrachtung von Inhalten oder Methoden beziehungsweise Mitteln oder Zielen oder vorgegebenen Strukturen als jeweils ausschlaggebenden Faktoren ist eine Sichtweise zu bevorzugen, die Prozesse der wiederholten oder dauerhaften Minimierung von Differenzen (Pluralität, Vielfalt) in den Blick nimmt. „Indoktrination" erweist sich solchermaßen als eine Prozesskategorie innerhalb offener Gesellschaften, die auf Schließungstendenzen (und damit zugleich den Übergang vom Inhalt zur Form)[39] auf unterschiedlichen Ebenen wie auch Ebenen übergreifend verweist und die in der Regel begleitet ist von der Entstehung dichotomer Denkmuster („Schwarz-Weiß-Malerei", Feindbilder).[40]

13. In diesem Zusammenhang sind Modellvorstellungen und Theorien zu kognitiven, moralischen und neurophysiologischem Entwicklungsprozessen von Kindern und Jugendlichen ebenso zu berücksichtigen wie auch deren kritische Diskussion (hier z.B. bezogen auf das Stufenmodell von Kohlberg oder die Diskussion zur Willensfreiheit in der neueren Hirnforschung).[41]

---

39 Im Prozess der Schließung beginnt die Form den Inhalt dergestalt zu dominieren, dass die (methodische) Reduktion der Inhalte dem indoktrinären Element die (neue) Form verleiht; vgl. hierzu Harney/Strittmatter 1994.

40 Als Prozesskategorie lässt sich der Indoktrinationsbegriff schließlich abgrenzen gegenüber dem in erster Linie durch Strukturmerkmale gekennzeichneten (und nicht zuletzt deshalb für die erziehungswissenschaftliche Diskussion vergleichsweise weniger relevanten) Ideologiebegriff. Der hier entwickelte Umgang mit dem Indoktrinationsthema (Alltäglichkeit des Phänomens vs. Konstruktion von Feindbildern etc.) lässt sich gleichwohl auf den Umgang mit 'Ideologien' applizieren.

41 Erinnert sei in diesem Zusammenhang an die (frühe) Stellungnahme Kohlbergs zur Indoktrination während der ersten pädagogischen Diskussionsphase: „I no longer hold these negative views of indoctrinative moral education, and I believe that the concepts guiding moral education must be partly 'indoctrinative'. This is true, by necessity, in a world in which children engage in stealing, cheating, and aggression and in a context wherein one cannot wait until children reach the fifth stage to deal directly with moral behavior." Kohlberg 1978: 15/18; ausführlicher hierzu: Spiecker 1989 sowie Schreiner 1987.

Als pädagogischer Begriff ist „Indoktrination" darüber hinaus – stärker als bisher – als multidimensionales, historische und interdisziplinäre Perspektiven berücksichtigendes Konstrukt zu entwerfen, z.b. entlang der 'Bildsamkeit' als anthropologische Voraussetzung für Indoktrination, unter Einbeziehung der Diskussionen zum „Menschen" und der subversiven Funktionen von Gelächter, Witz und Ironie (vgl. Kamper/Wulf 1986; vgl. auch Rorty 1992), entlang einer philosophisch-dialektischen Betrachtungsweise, die beispielsweise deutlich macht, dass die Proklamation von Freiheitsansprüchen selbst wiederum einen Zwangscharakter tragen kann (z.b. in der Festlegung auf antiautoritäre Erziehung als Erziehungsprogramm) und umgekehrt (z.b. in eindeutigen Zielvorgaben/Programmen, denen sich der einzelne aber nicht anschließen muss), in kritisch-soziologischer beziehungsweise interaktionstheoretischer Perspektive, die die Eingebundenheit des Einzelnen in Habitus determinierende Strukturen betont beziehungsweise die Elemente von Reversibilität, Reflexivität und Symmetrie als Ziel pädagogischer Prozesse hervorhebt, sowie in pädagogisch-skeptischer Absicht, durch die das Wissen um bzw. das Bewusstsein von Alternativen und die Konstruiertheit von Perspektiven als Voraussetzung pädagogischen Denkens und Handelns beleuchtet wird. Erst auf diese Weise können drohende Engführungen (!) des Blicks durch empirisierende und operationalisierende Verfahren vermieden werden. Ein solchermaßen geschärftes und entdichotomisiertes pädagogisches Indoktrinationsverständnis kann auch für die gegenwärtigen öffentlich-politischen Debatten fruchtbar gemacht werden, um nämlich ein deutliches Gegengewicht zu erzeugen zu den Tendenzen, neue Feindbilder (wie z.B. den Islam) zu konstruieren.

Literatur

Adorno, T. W. (1962): Theorie der Halbbildung. In: Horkheimer, M./Adomo, Th. W.: Sociologica. Reden und Vorträge, Frankfurt a. M.: 168-192.
Apel, H.-J. (2000): „Dein größter Erzieher, deutsches Volk, heißt Adolf Hitler". Schule als Stätte der Indoktrination. In: Kirk, S. (Hrsg.): Schule und Geschichte. Funktionen der Schule in Vergangenheit und Gegenwart. Festschrift für Rudolf W. Keck zum 65. Geburtstag. Bad Heilbrunn/Obb: 207-223.
Beehler, R. (1985): The Schools and Indoctrination. In: Journal of Philosophy of Education, 19: 261-272.
Behrmann, G. C. (1997): Staatsbürgerkunde in der DDR. Möglichkeiten und Grenzen der politischen Indoktrination im Schulunterricht. In: Erinnerung für die Zukunft. Bd 2. Das DDR-Bildungssystem als Geschichte und Gegenwart. Ludwigsfelde-Struveshof: 71-86.
Benner, D./Merkens, H./Schmidt, F. (Hrsg.) (1996): Bildung und Schule im Transformationsprozeß von SBZ, DDR und neuen Ländern – Untersuchungen zu Kontinuität und Wandel. Erste Ergebnisse aus der DFG-Forschergruppe. Berlin.

Benner, D./Merkens, H./Gatzemann, T. (Hrsg.) (1996): Pädagogische Eigenlogiken im Transformationsprozeß von SBZ, DDR und neuen Ländern. Neue Ergebnisse aus der eingerichteten DFG-Forschergruppe. Berlin.

Bielefeldt, H. (1982): Indoktrination. In: Konzepte der Pädagogik, hrsg. v. E. Groß, Erziehungsziele: Selbstformung – Verantwortung. Düsseldorf: 76-84.

Blankertz, H. (1980 [1969]): Theorien und Modelle der Didaktik. München.

Brade, A. C./Rhode-Juechtern, T. (1991): Das völkische Lied. Eine annotierte Quellensammlung zur NS-politischen Indoktrination der Jugend durch Musik. Bielefeldt.

Brüggemann, W. (Hrsg.) (1974): Bildung oder Indoktrination? Recklinghausen.

Bungenstab, K. E. (1970): Umerziehung zur Demokratie? Reeducation-Politik im Bildungswesen der US-Zone 1945-1949. Düsseldorf.

Comenius, J. A. (1947): Grosse Unterrichtslehre. Ausgew. u. eingel. v. J. Lindner. Berlin/Leipzig.

Deutscher Bildungsrat (1970): Strukturplan für das Bildungswesen. Stuttgart.

Deutscher Juristentag (1981): Schule im Rechtsstaat, Band 1, Entwurf für ein Landesschulgesetz, Bericht der Kommission Schulrecht. München.

Deutsches Wörterbuch v. J. u. W. Grimm, Bd. 22. München [1885] 1984.

Dingeldey, E./Giese, D. (Hrsg.) (1983): Rahmenrichtlinien: Erprobung – Evaluation – Revision, Materialien zur Schulentwicklung, H. 3. Wiesbaden.

Dohmen, G. (1964): Bildung und Schule. Bd. 1: Der religiöse und der organologische Bildungsbegriff. Weinheim.

Dörr, H. (1983): Aufklärung oder Indoktrination. Friedenserziehung durch die Bundeswehr. In: Lehrerzeitung Baden-Württemberg 37: 601.

Duchrow, U. (Hrsg.) (1988): Die Bundeswehr im Schulunterricht. Ein Prozess gegen Indoktrinierung. Baden-Baden.

Eckert, R. (1997): Zwischen Wissensvermittlung und Politindoktrination. In: Häder, S./ Tenorth, E. (Hrsg.): Bildungsgeschichte einer Diktatur. Bildung und Erziehung in SBZ und DDR im historisch-gesellschaftlichen Kontext. Weinheim: 129-133.

Encyclopedia of Modern Education (1943), ed. by H. N. Rivlin u.a.. New York.

Evers, C.-H. (1985): Das Institut, der Konflikt, das Buch. Indoktrination durch Lehrmittel Kontroverse über ein Schulbuch zum 8. Mai. In: Westermanns Pädagogische Beiträge 37: 526-530.

Füssel, H.-P. (1990): Von Lehrern, die indoktrinieren. In: Schul-Management 21: 9-10.

Gamm, H.-J. (1964): Führung und Verführung. Pädagogik des Nationalsozialismus. München.

Garz, D. (1980): Zum neuesten Stand von Kohlbergs Ansatz der moralischen Sozialisation. In: Zeitschrift für Pädagogik 26: 93-98.

Gatzemann, T. (2003): Das Projekt der ideologisch-verwissenschaftlichten Menschenbildung. Bildungstheoretisch-problemgeschichtliche Analysen zu Indoktrination und politischer Bildung in Deutschland zwischen 1945 und 1970. Berlin/Frankfurt a. M.

Gerken, A.(1975): Emanzipation oder Indoktrination? Didaktische Überlegungen zum Angebot der Politischen Lyrik in Schullesebüchern. Oldenburg.

Giesecke, H. (1973): Didaktik der politischen Bildung. München.

Groh, B. M. (1984): Lehrer und Jugendreligionen. Zwischen Indoktrination und Religionsfreiheit. In: Recht der Jugend und des Bildungswesens 32: 109-115.

Groothoff, H.-H. (1957): Vom rechten Selbstverständnis des Lehrers als eines politischen Erziehers. Braunschweig.
Gruner, P./Kluchert, G./Leschinsky, A. (Hrsg.) (1999): Die Schule als moralische Anstalt. Erziehung in der Schule: Allgemeines und der 'Fall DDR'. Weinheim.
Günter, D. (1985): Sie entfremden unsere Kinder. Das Elternrecht und die Überwindung des ideologischen Missbrauchs der Schule. Sankt Ottilien.
Harney, K./Strittmatter, V. (Hrsg.) (1994): Methode und klinisches Wissen. Die Konstruktion des virtuellen Teilnehmers als erwachsenenpädagogische Wissensform. In: Krüger, H.-H./Rauschenbach, T. (Hrsg.): Erziehungswissenschaft. Die Disziplin am Beginn einer neuen Epoche. Weinheim/München: 185-200.
Harsdörffer, G. P. (1969 [1648-1653]): Poetischer Trichter. Darmstadt.
Heimann, P. u.a. (1966): Unterricht. Analyse und Planung. Hannover.
Heid, H. (1991): Pädagogik und Politik. In: Roth, L. (Hrsg.): Pädagogik. Handbuch für Studium und Praxis. München: 281-289.
Heitger, M. (Hrsg.) (1969): Erziehung oder Manipulation. Die Problematik der Erziehungsmittel. München.
Hörz, H. E./Hörz, H. (2003): Individualitätsentwicklung contra Indoktrination? In: Kirchhöfer, D./Neuner, G./Steiner, I./Uhlig, C. (Hrsg.): Kindheit in der DDR – Die gegenwärtige Vergangenheit. Frankfurt a. M.: 49-65.
Kamper, D./Wulf, C. (Hrsg.) (1986): Lachen – Gelächter – Lächeln. Reflexionen in drei Spiegeln. Frankfurt a. M.
Kohlberg, L. (1978): Moral Education Reappraised. In: The Humanist, Nov. /Dec.: 13-15.
Kolb, U. (1980): Wer indoktriniert eigentlich? In: Sexualpädagogik 8: 28-29.
Lange-Quassowski, J.-B. (1979): Neuordnung oder Restauration? Opladen.
Langmack, A. (1974): Emanzipation oder Indoktrination? Didaktische Überlegungen zur Behandlung von ‚engagierter Literatur'. Oldenburg.
Lehmann, J. (1997): Handlungsorientierung und Indoktrination in der Umweltpädagogik. In: Zeitschrift für Pädagogik 43: 631-636.
Lersch, P. (1969): Zur Psychologie der Indoktrination. Sitzungsberichte der Bayerischen Akademie der Wissenschaft, H. 3, München.
Leschinsky, A./Kluchert, G. (1998): Glaubensunterricht in der Säkularität. In: Kluchert, G. (Hrsg.): Christenlehre und Religionsunterricht. Interpretationen zu ihrer Entwicklung 1945-1990. Weinheim: 1-113.
Lichtenstein, E. (1966): Zur Entwicklung des Bildungsbegriffs von Meister Eckhardt bis Hegel. Heidelberg.
Lorenz, U. (1987): Werterziehung zwischen Selbstbestimmung und Indoktrination. In: LehrerJournal. Hauptschulmagazin 2: 7-10.
Lott, J. (1978): Religion in der Berufsschule: Indoktrination und Schulpolitik in der berufs- und religionspädagogischen Theorie und Praxis. Hamburg.
Maier, K. E. (1978): Indoktrination. In: Pädagogisches Taschenlexikon. Regensburg: 184-186.
Mogultay, C. (2002): Religionsfreiheit oder Indoktrination. In: Neue deutsche Schule 54: 13-15.

Mollenhauer, K. (1996): Anmerkungen zum Zwischenbericht „Umgang mit Indokrination: Erziehungsintentionen, -formen und -wirkungen in deutschen ‚Erziehungsstaaten'. In: Benner, D./Merkens, H./Schmidt, F. (Hrsg.): Bildung und Schule im Transformationsprozeß von SBZ, DDR und neuen Ländern – Untersuchungen zu Kontinuität und Wandel. Erste Ergebnisse aus der DFG-Forschergruppe. Berlin: 33-39.

Nitzschke, V./Sandmann, F. (1987): Handbuch für den politischen Unterricht, Stuttgart.

Patett, R. (2000): Zwischen Indoktrination und Tradition. Richtlinien und Lehrpläne für die allgemeinbildenden Schulen Schleswig-Holsteins zur Zeit des Nationalsozialismus und ihre Umsetzung durch die Lehrerschaft. In: Informationen zur schleswigholsteinischen Zeitgeschichte, H. 37: 42-65.

Pöhlmann, H. G. (1993): Indoktrination oder Freiraum? Zur Debatte um die Ablösung des konfessionellen Religionsunterrichts durch einen neutralen Religionskundeunterricht. In: Loccumer Pelikan: 34-36.

Radt, J. (1998): Indoktrination der Jugend im NS-Regime. Geschichte im „Dritten Reich" am Beispiel der Zeitschrift „Wille und Macht". Frankfurt a. M.

Rathmayr, B. (1987): Lernen, das uns ändert. Kulturkritisches Lernen jenseits von Indoktrination und Populismus. In: Weiterbildung an der Universität: 95-147.

Ratke, W. (1967): Kleine pädagogische Schriften, hrsg. v. K. Seiler. Bad Heilbrunn.

Reboul, O. (1980): Indoktrination. Wenn Denken unterdrückt wird. Freiburg.

Reiher, D. (2003): Religion und Kindheit. In: Kirchhöfer, D./Neuner, G./Steiner, I./Uhlig, C. (Hrsg.): Kindheit in der DDR – Die gegenwärtige Vergangenheit. Frankfurt a. M.: 67-80.

Rorty, R. (1992): Kontingenz, Ironie und Solidarität. Frankfurt a. M.

Rosina, H.-J. (1989): Faszination und Indoktrination: Beobachtungen zu psychischen Manipulationspraktiken in totalitären Kulten. München.

Schaarschmidt, I. (1931): Der Bedeutungswandel der Worte „bilden" und „Bildung" in der Literaturepoche von Gottsched bis Herder. Königsberg.

Schlott, W. (1983): Selbstfindung statt Indoktrination: Sozialistische Erziehungswirklichkeit im Spiegel der neueren DDR-Literatur. In: Bildung und Erziehung, 36: 381-401.

Schmidt, I. (1985): Betriebspraktikum: Kritische Berufsorientierung – oder: Indoktrination durch die Realität des „Sachzwangs"? In: Westermanns Pädagogische Beiträge 37: 520-525.

Schmidt, S. J. (Hrsg.) (1987): Der Diskurs des Radikalen Konstruktivismus. Frankfurt a. M.

Schmidt, U./Weidmann, P. (2005): Modernisierung als Mittel zur Indoktrination. Das Schulwesen. In: Forschungsstelle für Zeitgeschichte in Hamburg (Hrsg.): Hamburg im Dritten Reich. Göttingen: 305-335.

Schmidtendorf, H. (1983): „Sachverstand" contra „Indoktrination"? Unternehmerische und gewerkschaftliche Bildungsarbeit an den Schulen. In: Frankfurter Hefte, 38: 45-55.

Schörken, R. (1981): Bildung als Aufklärung und Indoktrination. In: Landeszentrale für politische Bildung Nordrhein-Westfalen (Hrsg.): Demokratie als Teilhabe. Chancen der Mitwirkung am demokratischen Prozess in Staat und Gesellschaft. Köln: 225-239.

Schreiner, G. (1986): Indoktrinieren für den Frieden und Abrüstung? In: Die Deutsche Schule 78: 189-200.

Schreiner, G. (1987): Kohlberg und das Problem der Indoktrination. In: Zeitschrift für Pädagogik, 21. Beiheft: 84-86.

Schreiner, G. (1992): Von der Indoktrination zum Dialog. Aufgaben einer demokratischen Moralerziehung in den Schulen. In: Pädagogik und Schulalltag 47: 193-207.

Schrenck-Notzing, C. (1965): Charakterwäsche. Die amerikanische Besatzung in Deutschland und ihre Folgen. Stuttgart.

Schwenk, B. (1974): Unterricht zwischen Aufklärung und Indoktrination, Frankfurt a. M.

Sistermann, R./Voigtländer, J. (1995): Zwischen Indoktrination und Beliebigkeit. Eine kritische Analyse von sechs Schulbüchern für den Ethikunterricht. In: Der Evangelische Erzieher 47: 288-299.

Snook, J. A. (1972a): Indoctrination and Education. London/Boston.

Snook, J. A. (Ed.) (1972b): Concepts of indoctrination. London/Boston.

Spieker, B. (1989): Indoktrination in Erziehung und Unterricht. In: Bildung und Erziehung 42: 347-357.

Stroß, A. M. (1989): Indoktrination. In: Lenzen, D. (Hrsg.) unter Mitarbeit von Friedrich Rost: Pädagogische Grundbegriffe. 1. Aggression – Interdisziplinarität. Reinbek bei Hamburg: 722-726. (6. Aufl. 2001)

Stroß, A. M. (1994): Erziehung und Indoktrination. Leistung, Begründbarkeit und Stellenwert einer Unterscheidung. In: Horn, K.-P./Wigger, L. (Hrsg.): Systematiken und Klassifikationen in der Erziehungswissenschaft. Weinheim: 47-68.

Strzelewicz, W. (1974): Erziehung im Spannungsfeld zwischen Indoktrination und Emanzipation. Braunschweig.

Tenorth, H.-E. (1995): Grenzen der Indoktrination. In: Drewek, P./Horn, K.-P./Kersting, C./Tenorth, H.-E.: Ambivalenzen der Pädagogik. Zur Bildungsgeschichte der Aufklärung und des 20. Jahrhunderts. Weinheim: 335-350.

Tenorth, H.-E. (1996): „Umgang mit Indoktrination" – Konzeptionelle Fragen und methodische Probleme des Projekts. In: Benner, D./Merkens, H./Gatzemann, T. (Hrsg.): Pädagogische Eigenlogiken im Transformationsprozeß von SBZ, DDR und neuen Ländern. Neue Ergebnisse aus der DFG-Forschergruppe. Berlin: 342-361.

Tenorth, H.-E. (1997): Politisierung des Schulalltags im historischen Vergleich – Grenzen von Indoktrination. In: Erinnerung für die Zukunft. Bd. 2. Das DDR-Bildungssystem als Geschichte und Gegenwart. Ludwigsfelde-Struveshof: 37-48.

Tenorth, H.-E. (1999): Politische Okkupation der Schule und die Eigenlogik von Bildungsprozessen. Erziehung und Bildung im Transformationsprozeß. In: Humboldt-Spektrum 6: 38-43.

Tepecik, E. (2003): Bildungsarbeit im Auftrag des Islamismus. Erziehung oder Indoktrination? Wiesbaden.

Thiessen, E. J. (1982): Indoctrination and Doctrines. In: Journal of Philosophy of Education, 16: 3-13.

Toischer, W. (1896): Handbuch der Erziehungs- und Unterrichtslehre für höhere Schulen, hrsg. v. A. Baumeister, Bd. 2: Theoretische Pädagogik und allgemeine Didaktik. München.

Trapp, E. C. (1964 [1787]): Vom Unterricht überhaupt. Bes. u. eingel. v. K. Schaller. Heidelberg.

Trapp, E. C. (1977): Versuch einer Pädagogik. Bes. v. U. Herrmann. Paderborn.

Weiler, H. (2006): Erziehung ohne Indoktrination? Grundrechte wissenschaftlicher Bildung im Unterricht öffentlicher Schulen. Göttingen.

Wünsche, K. u.a. (1996): „Umgang mit Indoktrination. Erziehungsintentionen, -formen und -wirkungen in deutschen Erziehungsstaaten. In: Benner, D./Merkens, H./ Schmidt, F. (Hrsg.): Bildung und Schule im Transformationsprozeß von SBZ, DDR und neuen Ländern – Untersuchungen zu Kontinuität und Wandel. Erste Ergebnisse aus der DFG-Forschergruppe. Berlin: 11-32.

Zenke, K. G. (1983): Werterziehung zwischen Indoktrination und Emanzipation. In: Westermanns Pädagogische Beiträge 35: 511-515.

Zilleßen, D. (1999): Welche Religion braucht Schule? Bildungswege zwischen Werteverlust und Indoktrination. In: Grundschule 31: 23-25.

Zinnecker, J. (Hrsg.) (1975): Der heimliche Lehrplan. Weinheim/Basel.

Indoktrination als Code in der SED-Diktatur

Elena Demke

Die pädagogischen Definitionen des Begriffs Indoktrination divergieren in ihren Schwerpunktsetzungen auf Absicht, Inhalt, Methode und Wirkung derselben. Trotz dieser Offenheit des Begriffs herrscht im wissenschaftlichen Diskurs Einigkeit darüber, dass nicht nur der gesellschaftswissenschaftliche Unterricht in der DDR, sondern auch das System der politisierten Schule in der SED-Diktatur selbst zutreffend als indoktrinierend beschrieben werden können (siehe etwa Ammer 2003; Cloer 1998; Margedant 1995; Tenorth 2001). Den Rahmen hierfür hatten seit Beginn der DDR verschiedene Umstrukturierungen geschaffen, die das staatliche Erziehungssystem zunehmender Politisierung und Militarisierung nach Maßgabe der SED unterwarfen (Geißler et al. 1996).

Mit den zentralen Erziehungszielen des Erwerbs *einer* Weltanschauung und der Zustimmung zur Politik *einer* Partei, war ein wesentliches Kriterium von Indoktrination, das verschiedenen Definitionen gemein ist, erfüllt. Auch das Inhalts-Kriterium war nicht nur durch den gesellschaftswissenschaftlichen Unterricht, sondern zumindest partiell auch durch andere Fächer sowie wesentlich durch die außerschulische Erziehung der Jugendorganisationen erfüllt: Sie hoben auf ein Set nicht hinterfragbarer, fachwissenschaftlich nicht überprüfbarer Dogmen ab (vielmehr wurden die Grenzen des in Fachwissenschaften „Sagbaren" durch diese Dogmen gezogen). Bei der Bewertung der Vermittlungsmethoden ist die Sachlage komplizierter, wie im vorliegenden Band Henning Schluß mit Blick auf den methodisch qualifizierten Unterricht im neben Staatsbürgerkunde und Geographie wichtigsten ideologievermittelnden Fach Geschichte zeigt. Gleichwohl sind vielfältige indoktrinierende Aspekte der Vermittlungsmethoden belegt – von den vorformulierten Unterrichtsergebnissen und Tafelbildern in so genannten „Unterrichtshilfen" bis hin zur staatlich sanktionierten Praxis, in der Leistungsbewertung ideologischen vor fachlichen Kriterien Priorität einzuräumen.[1]

---

[1] Blask/Geißler/Scholze 1996: 545f. dokumentieren hierzu beispielsweise z.B. die schlechtere Benotung einer rechnerisch korrekten Mathematikarbeit, in der ein pazifistisch eingestellter Schüler militärische Geschosse durch waidmännische Jagdgeschosse ersetzt hatte.

Für alle Aspekte gilt, dass Indoktrination auf der normativen Ebene leichter als auf der Ebene der Erfahrungswelt zu belegen ist. Dies scheint zuerst einmal eine Frage der Überlieferung zu sein – Alltagspraxis wird bekanntlich nicht so häufig aktenkundig wie Normen und Zielsetzungen. Positionierungen von Zeitzeugen stehen unter dem Vorbehalt, Teil des Deutungskampfes um den DDR-Alltag zu sein.[2] Darüber hinaus verweist das Problem auf die Komplexität der Erfahrungswelt. Tatsächlich müssen etwa die Ziele der einzelnen Pädagogen mit den normativ formulierten Vorgaben nicht deckungsgleich gewesen sein, wenn auch die Behandlung der geforderten Inhalte verschiedenen Kontrollen unterlag und damit weitgehend abgesichert war.[3]

Die Divergenz zwischen der Eindeutigkeit von Indoktrination auf normativer Ebene und ihrer eingeschränkten Nachweisbarkeit in der Praxis spiegelt sich auch darin wieder, dass die Wirksamkeit von Indoktrination aus den meisten Definitionen ausgeklammert wird. Für den historischen Fall des Nationalsozialismus hat Heinz-Elmar Tenorth aus der Analyse autobiografischer Berichte „Grenzen der Indoktrination" abgeleitet, die gleichwohl den Fakt der doktrinär verbreiteten NS-Ideologie nicht in Frage stellen (Tenorth 1995). Solcherart strukturelle Grenzen der Indoktrination – etwa in Eigenlogiken von Fachunterricht, der aktiven Seite jedes Lernens sowie in den Bedingungen der modernen Sozialisation können auch für die DDR angenommen werden. Hinzu kommen die mittlerweile vielfältig erforschten spezifischen Grenzen dieser Diktatur, wie der Einfluss konkurrierender Deutungsangebote insbesondere durch die West-Medien, aber auch durch die Persistenz sozialer Milieus.[4] Konkret auf die DDR gemünzt wird als Beweis der aus der Sicht des Regimes fatal begrenzten Wirksamkeit seiner Indoktrinationsanstrengungen verschiedentlich mit dem Ende der SED-Diktatur argumentiert: Immerhin lehnten sich 1989 die im DDR-Schulsystem Indoktrinierten gegen die SED-Herrschaft auf und votierten 1990 schließlich mehrheitlich gegen den Erhalt des Staates (Michalzik 1996; Häder 2001; Tenorth 2001; im vorliegenden Band Henning Schluß). Von solcherart Versagen der Indoktrination werden teilweise andere Folgen differenziert: „Scheitern [der Ideologie] bedeutet nicht Wirkungslosigkeit. Das ‚eingesperrte Denken' (F.

---

2 Wie umstritten die Wertung des DDR-Alltags nach wie vor ist, zeigte im Frühjahr 2006 die Debatte um das Votum der so genannten Sabrow-Kommission, siehe zusammenfassend Sabrow: 2006.
3 So wurden beispielsweise in sorgfältig geführten Klassenbüchern Häufigkeit und Inhalte von Pionier- und FDJ-Veranstaltungen dokumentiert; ich danke Jörg Ziegenhagen in diesem Zusammenhang für Einsicht in das Schularchiv des Carl-von-Ossietzky-Gymnasiums Berlin-Pankow.
4 Programmatisch hierzu der Sammelband von Bessel/Jessen 1996. Einen anschaulichen Überblick zu derartigen Grenzen im Komplex Jugendkultur, -organisation und Bildungswesen bietet Ohse 2003.

Schorlemmer) in der Schule hat viele ... geprägt." (Michalzik 1996: 175). Solche als sekundär angenommenen Wirkungen der Indoktrination werden jedoch selten näher ausgeführt.

Die Frage nach der Wirksamkeit von Indoktrination mag zwar für Definitionen unhandlich sein, sie entscheidet jedoch wesentlich über die Brisanz des Themas. Anhand der SED-Diktatur sollen deshalb im Folgenden Thesen zur Wirksamkeit von Indoktrination entwickelt werden. Dabei wird es um die unterschiedlichen Ebenen ihrer Wirkungen und um Bedingungen ihrer Nachweisbarkeit gehen. Hierfür ist Indoktrination als Prozess im kommunikativen Handeln zwischen Lehrenden und Lernenden als mehrschichtiger Vorgang zu betrachten, dessen Wirkungen für verschiedene Ebenen differenziert zu beurteilen sind.

Zuerst werden Ziele und Inhalte von Indoktrination in der DDR resümiert, um sodann die Nachweisbarkeit ihrer Wirkungen anhand von exemplarischen Quellenanalysen und systematischen Überlegungen zu diskutieren.

Indoktrination in der DDR zielte auf mentale Haltungen und praktische Verhaltensweisen. Zur ersten Gruppe gehörten: ein positives Bekenntnis zum sozialistischen Staat, zu den zentralen Ideologemen der SED-Diktatur, wie die Doktrin von der führenden Rolle der Arbeiterklasse, die Freundschaft mit den sozialistischen Bruderländern und insbesondere der Sowjetunion, die Abgrenzung zum feindlichen westlichen Ausland und ablehnende Haltung zum Kapitalismus, insbesondere zur Bundesrepublik sowie schließlich die Affirmation der kommunistischen Gesellschaftsinterpretation, nach der ein dialektisch verlaufender, gesetzmäßiger historischer Fortschritt durch verschiedene Gesellschaftsformationen hin zum Kommunismus führt und objektiv erkennbare Gesetze in Natur und Gesellschaft walten. Deren Kenntnis stellt den zentralen Schlüssel zur Deutung der Gegenwart wie auch von Geschichte, Kunst und Kultur der Vergangenheit dar. Auf der Ebene des Verhaltens stand die nicht nur an persönlichen Interessen, sondern wesentlich an den Interessen des „Kollektivs" bzw. der Gemeinschaft orientierte Leistungsbereitschaft in Schule, Beruf, (vor-) militärischer Aktivität und in den verschiedenen Formen staatlich geförderten gesellschaftlichen Engagements im Zentrum der doktrinär vertretenen Forderungen an den Einzelnen. Auf der Ebene sozialen Verhaltens implizierte dies Integration in das „Kollektiv", die Akzeptanz von Hierarchien (zu denen stärker als etwa in der Nach-68er Bundesrepublik bis zum Ende der DDR auch das Alter gehörte) sowie die Bereitschaft, im Konfliktfall persönliche Bindungen politischen Bekenntnissen unterzuordnen (etwa durch Distanzierung bis hin zur Denunziation von politisch unbotmäßigem Verhalten von Freunden und Verwandten).[5]

---

5 Siehe hierzu zeitgenössisch exemplarisch aus DDR-Sicht beispielsweise das Pädagogische Wörterbuch der DDR (Laabs et al. 1987) oder aus westlicher Perspektive die Ausführungen zu „Erziehung, politisch-ideologisch bzw. staatsbürgerliche" im vom Bundesministerium für in-

Es ging also bei weitem nicht nur um die Affirmation der konkreten politischen Verhältnisse, sondern um eine umfassende Prägung des Weltverständnisses und des individuellen Verhältnisses zu ihr. Wenn auch immer davon auszugehen ist, dass solche Prägung stets nur näherungsweise erreichbar war, und zuweilen auch nur eingeschränkt von den Mittlern der Indoktrination beabsichtigt war, lässt sich doch nicht von der Hand weisen, dass die Verhaltensweisen, die erzeugt werden sollten, vielfach empirisch nachweisbare Realität wurden. Auch eine Prägung des Weltverständnisses, soweit sie denn erreicht wurde, wäre mit der Ablehnung der Herrschaftsverhältnisse noch nicht aufgehoben.

Fragt man nach dem Anteil, den Indoktrination an jenem Verhalten hatte, wird schnell die spezifische Ausformung der Mehrdeutigkeit jedes menschlichen Redens und Handelns für Doktrin-konformes Reden und Handeln im öffentlichen Raum (etwa der Schule) unter den Bedingungen der Diktatur – und tendenziell unter präsentem Zwang überhaupt – deutlich: Sie können ebenso gut von der Angst vor Repression, der Spekulation auf Vorteile, Peer-Pressure u.a. anstatt von erfolgreich indoktrinierten Überzeugungen herrühren. Allerdings spielt auch dann Indoktrination zumindest mit hinein, insofern das erwünschte Verhalten bekannt war und entsprechend abgerufen werden konnte. Auszugehen ist von komplexen Motivbündeln – ergänzt um den Faktor Zufall, in denen Indoktrination nur ein Aspekt von mehreren war.

Für die historische Forschung berührt die Frage nach der Wirksamkeit von Indoktrination eine zentrale theoretische Frage: Die empirische Relevanz von Totalitarismuskonzepten. Konnte totalitäre Kontrolle über Medien, das Erziehungssystem und approximativ jede öffentliche Betätigung System-Konformität in Orwellscher Manier generieren? Es ist kein Zufall, dass gerade die empirischen Untersuchungen, die Alltag und Erfahrungswelt der Menschen zu ihrem Gegenstand machen, in einem anderen theoretischen Horizont stehen. Statt der Untersuchung von Systempassungen postulieren sie einen Eigen-Sinn der Handelnden, der auch unter der Oberfläche weitgehend systemkonformen Verhaltens zu rekonstruieren ist. Solche Rekonstruktionen legen komplexe Aushandlungsprozesse zwischen ideologisch begründeten staatlichen Forderungen und persönlichen Ansprüchen offen. Im Prozess der individuellen bzw. in kleinen sozialen Einheiten erfolgenden Aneignung offizieller Vorgaben wurde diesen graduell von den Doktrinen, auf denen sie beruhten, abweichender Sinn verliehen. Das äußere Erscheinungsbild jedoch ist erfolgreiche Indoktrination.[6] Es ist die

---

nerdeutsche Beziehungen herausgegebenen DDR-Handbuch, die auf Analysen von Unterrichtshilfen, Lehrplänen, Programmen für die Lehrerbildung in der DDR u.a. normativen Dokumenten beruhten (Köln 1985).

6   In gewisser Weise ist dies die spiegelbildliche Einsicht zu dem bereits von Kant formulierten Konzept einer Ethik, die aus einer Selbstbindung an vernünftig begründbare, sittliche Gesetze,

Schwierigkeit, die Wirksamkeit von Indoktrination angesichts von Mehrdeutigkeiten und Komplexität des Sprechens und Handelns zu gewichten, welche das Argument ex negativum so attraktiv macht. Zwar ist nonkonformes Verhalten und Sprechen ebenso mehrdeutig: Es kann von peer-pressure, psychologischen Lagen wie Abenteuerlust oder Verzweiflung oder auf der Oberfläche nicht sichtbarem Sinn der Handlung (beispielsweise oppositionelle Aktivität mit dem Ziel, verhaftet und in die Bundesrepublik freigekauft zu werden) motiviert sein. Eines ist jedoch eindeutig: Relativ zu anderen Überzeugungen und Motiven wurde hier Indoktrination nicht handlungsleitend, war also nicht konsequent wirksam. Hieraus folgt die These 1:

Die spezifische Mehrdeutigkeit des öffentlichen Redens und Handelns unter den Bedingungen der Diktatur ist retrospektiv schwer zu entschlüsseln. Die zuverlässigsten Aussagen über die Wirksamkeit von Indoktrination sind deshalb dann möglich, wenn diese an ihre Grenzen stößt. Dies sollte jedoch nicht darüber hinwegtäuschen, dass sie erstens immer nur ein relativer Faktor ist und zweitens als solcher auch dann fortdauert, wenn sie nicht zu Doktrin-konformer Rede oder Handlung führt.

Im Folgenden soll die Wirksamkeit von Indoktrination weiter problematisiert werden, in dem der Akt des Indoktrinierens wie auch des Bezeugens von Indoktriniertheit als Kommunikation mittels des komplexen Zeichens „Indoktrination" interpretiert wird. Dieses ist nach Syntax, Semantik und Pragmatik zu differenzieren.[7] Mit Hilfe dieser Unterscheidung wird Indoktrinierung als ein mehrfach gebrochener Prozess fassbar. Dafür werden die wiederholten, oft stereotypen Ausdrucksmuster der Doktrinen wie z.B. die Präferenz für polare Argumentationsmuster[8] als ihre Syntax aufgefasst, die konkreten inhaltlichen Aussagen als ihre Semantik und die Ziele des Indoktrinierens wie auch des indoktrinierten Redens und Handelns als Aspekte ihrer Pragmatik.

Doktrinärer Unterricht konnte von Lehrern gestaltet werden, die weniger auf die Vermittlung der kommunistischen Weltanschauung in ihrer Ausformung durch die SED abzielten, als etwa darauf, sich bestimmte Handlungsfreiheiten im Beruf zu sichern. Diese sollten u.U. sogar Spielraum für eine Erziehung entgegen der doktrinären Engführung schaffen oder auch einfach der Berufssicherheit und möglichen Aufstiegschancen dienen. Indoktrination ist also von vornherein ein potenziell mehrdeutiges Zeichen. Schülerinnen und Schüler lernen es als

---

die entsprechend dem kategorischen Imperativ gebildet sind folgt. Denn schon für Kant war deutlich, dass es nicht feststellbar ist, ob ein Handelnder *aus* Pflicht handelt. Feststellbar, sogar für den Handelnden selbst, ist lediglich ob oder ob nicht pflichtgemäß gehandelt wird. Die Handlungsmotivationen jedoch sind immer so vielschichtig, dass sie analytisch nicht letztlich durchdrungen werden können.

7 Diese Unterscheidung folgt dem klassischen Modell der Semiotik nach Morris 1938.
8 Rainer Gries 1995: 17.

solches zu entschlüsseln und zielorientiert einzusetzen – sie erwerben pragmatische Kompetenz im Umgang mit Indoktrination. Dies ist nicht gleichzusetzen mit inhaltlicher Distanzierung – wenngleich diese auch möglich ist. Möglich sind verschiedene graduelle Abstufungen. So konnten beispielsweise Lehrer die Doktrin von der führenden Rolle der Arbeiterklasse mit dem Ziel vertreten, diese zu propagieren, ihre Umsetzung durch die Selektionsmechanismen des Erziehungssystems zu begründen und somit zu ihrer Realisierung beizutragen. Sie konnte jedoch auch gleichgültig oder gar mit dem Ziel vertreten werden, durch pragmatische Anpassung auf der Ebene der doktrinären Vermittlung Spielraum zu nonkonformem Handeln etwa in der gezielten Förderung von Kindern aus einem bildungsbürgerlichen Milieu zu gewinnen. In beiden Fällen findet jedoch Indoktrination statt. Der Lehrer, der indoktriniert, führt eine mehrdeutige Handlung aus. Als Kommunikation ist sie nicht nur an die Schüler, sondern auch an ihre Eltern, an seine Kollegen und Vorgesetzten adressiert.

Die größte Distanz zwischen Semantik und Pragmatik von Indoktrination entsteht dann, wenn diese parodiert wird.[9] Bezogen auf den Kontext Schule boten außergewöhnliche Anlässe, wie die Schulabschluss-Feiern, Gelegenheit zu solchen Parodien. An folgendem Text aus einer Abiturzeitung von 1987 sollen diese Differenzen und ihre Wirkungen genauer betrachtet werden. Es handelt sich um das „Gedicht" einer Schülerin samt „Gedichtinterpretation", welche unschwer als Parodie der Indoktrination, die auch den Deutschunterricht prägte, zu erkennen ist.[10]

krähen im haar
autoreifen zersplittern
grünes licht zwischen blauen fenstern
    auch gardinen
ströme wilden weines
ich du er
zwiespalt – aus.

Gedichtinterpretation
Als ich das Gedicht las, war mir, als betrachtete ich ein Gemälde. Ein Gedicht – das ganz von sprachlichen Bildern lebt.
    Zuerst fiel mir die Wahl der Vogelart – Krähe – auf. Sie ist Zeugnis der Volksverbundenheit des Autors, denn Krähen sind im mitteleuropäischen Raum beheimatet und sie sind allen Schichten unseres Volkes bekannt.

---

9   Eine im Klassenraum inszenierte Parodie bespricht Tenorth 2001 anhand eines Fotos, das die Nachstellung eines Schauprozesses durch Schüler in der DDR der 1950er Jahre dokumentiert.
10 Die Autorin dankt Jeannette Leitmont für die Erlaubnis zum Abdruck ihres Beitrages in der Abiturzeitung der Klasse 12 s3 der EOS „Humboldt" in Magdeburg, 1987, Archiv der Autorin.

Die nächste Zeile zeigt den Stolz des Poeten auf die Errungenschaften unserer Republik. Schließlich ist beinahe jede Familie in der DDR im Besitz eines PKW's. Sehr interessant und gelungen war – meiner Meinung nach – im Folgenden die Einbeziehung der Farbe Grün. Jeder – ich hoffe, ich darf hier für die Allgemeinheit sprechen – assoziiert mit der grünen – ich denke, besonders wegen der Ampel – die Farbe Rot. Ein hervorragendes Symbol für die Parteilichkeit des Autors!
Die letzten Zeilen lenken noch einmal besonders die Aufmerksamkeit auf sich. Hier beleuchtet der Autor kritisch die Probleme zwischenmenschlicher Beziehungen, die auch in unserer Gesellschaft noch nicht ausgemerzt sind.
Mich persönlich hat das Gedicht sehr beeindruckt, da es durch die Aufzeigung durchaus vorhandener Probleme Anregung zur Lösung derselben gibt.

Die Autorin zeichnet gelernte Schemata der Gedichtinterpretation überdeutlich nach: Ausgehend von einem als naiv formulierten ersten persönlichen Eindruck werden einzelne Passagen des Gedichtes in der Weise interpretiert, dass sie als lyrische Umsetzung ideologischer Dogmen erscheinen: Volksverbundenheit, Parteilichkeit und Realismus als Forderungen an die zeitgenössische Dichtkunst.[11] Der Text schließt ab mit einem impliziten Bekenntnis zum Engagement in der sozialistischen Gesellschaft. Dieses Statement erscheint als Aufgreifen des persönlichen Eingangs-Statements, führt es jedoch in ideologisch wünschenswerter Weise aus, und stellt somit einen „Fortschritt" gegenüber dem lediglich eine emotionale Reaktion zeigenden Ersteindruck dar.

Ohne das Stereotype von Indoktrination wäre diese Parodie nicht möglich, denn sie beruht wesentlich auf dem Abrufen von ideologischen Vorgaben für die Werkinterpretation und ihrer Übertreibung ins Absurde angesichts des wenig aussagekräftigen „Gedichts". Nicht nur Inhalte wie die genannten Bekenntnisse zu Volksverbundenheit etc. waren Stereotypen der Indoktrination in der DDR, sondern auch bestimmte Topoi, sprachliche Muster und Verknüpfungen. Im vorliegenden Text erscheinen solche besonders deutlich im Evozieren von Gemeinschaft („alle Schichten unseres Volkes ... unsere Republik ... jede Familie ... ich hoffe, ich darf hier für die Allgemeinheit sprechen ... auch in unserer Gesellschaft"). Außerdem wird Fortschritt betont, durch seine konkrete Benennung wie auch durch das DDR-typische optimistische „noch nicht" („Errungenschaften – Probleme ... noch nicht ausgemerzt").[12] Schließlich wird auch dialektisches Argumentieren als Möglichkeit, Sinn beliebig ins Gegenteil zur verkeh-

---

11 Im Rahmen des DDR-Zentralabiturs war im gleichen Jahr als eine der schriftlichen Abituraufgaben für das Fach Deutsch ein Zitat des Staats- und Parteichefs Erich Honecker vorgegeben worden, das Parteilichkeit, Volksverbundenheit und Realismus als Beurteilungskriterien für die zeitgenössische Literatur formulierte und das es auf ein literarisches Werk anzuwenden galt.

12 Für die typischen Merkmale der öffentlichen Sprache in der DDR siehe Jessen 1997.

ren, vorgeführt und damit parodiert („jeder assoziiert mit der grünen ... die Farbe Rot ... Symbol für die Parteilichkeit des Autors").

Eine tiefe Diskrepanz besteht zwischen dem „Gedicht" aus wenig sinnvoll aneinander gefügten, zeitgenössische Lyrik evozierenden, jedoch in den banalen Benennungen bewusst unpoetischen Formulierungen und der Interpretation, die aus diesen wenigen Zeilen die Bestätigung mehrer ideologischer Dogmen ableitet. Als Fazit erkennen Leser der Gedichtinterpretation, dass dies beliebig möglich ist. Damit bewertet die Autorin die ideologiegeleitete Interpretation von Kunst im Schulunterricht: Diese wird durch den geringen Bezug zu dem komplexen Sinn der interpretierten Werke zur semantisch sinnleeren, lediglich pragmatischen Phrase. Solche Phrasen kann die Abiturientin sicher reproduzieren – sie beherrscht Indoktrination als Code. Sie führt dies als instrumentalisierbare Kompetenz vor. Diese Kompetenz ermöglichte ihr das erfolgreiche Absolvieren der Abiturprüfungen. Sie kann sich als im für Erfolg nötigen Maße indoktriniert präsentieren. Sie nutzt diese Kompetenz aber auch, um anlässlich der Abiturfeier diese Praxis zu entlarven und der Lächerlichkeit preiszugeben und stellt damit ihre Mündigkeit unter Beweis.

Hierin ein Scheitern von Indoktrination zu erkennen, hieße jedoch, diesen Begriff als letztlich ahistorisches, abstraktes Modell zu behandeln. Der empirischen Realität entspricht es eher, die unterschiedlichen Wirkungsebenen zu differenzieren. Die kritische Verwendung in einem Kontext, der dies erlaubt, schließt ein, dass in anderen Kontexten die Dominanz der Ideologie selbst mit getragen und geschaffen werden konnte. Hieraus folgt These 2:

Indoktrination vermittelt die Kompetenz, Indoktriniertheit als Zeichen der Kommunikation einzusetzen. Dies setzt Beherrschung ihrer Muster und Inhalte voraus, die pragmatisch unterschiedlich anwendbar sind. Auch eine den Inhalten widersprechende Verwendung bedeutet nicht gescheiterte Indoktrination. Vielmehr perpetuiert und bestätigt auch sie die Indoktrination und ihre gesellschaftliche Wirkung, solange sie in Kontexten erfolgt, die den durch die Dogmen postulierten Herrschaftsanspruch nicht in Frage stellen.

Auf die Frage der Fortwirkung von Indoktrination wird so eine differenzierte Antwort möglich. Um diese exemplarisch in den Blick zu bekommen, werden im Folgenden Leserbriefe an die in den 1980er Jahren auflagenstärkste Tageszeitung der DDR, die Junge Welt, vom Herbst 1989 bis in die ersten Jahre des wiedervereinigten Deutschlands ausgewertet, um in Schlaglichtern das komplexe Phänomen an Beispielen skizzieren und entfalten zu können.

Die Leserbriefe spiegeln insgesamt den Fortfall der Zensur, der z.T. explizit angesprochen wird, wider: „noch vor einem Monat wäre ich für solch ein Schreiben bestraft worden" stellt ein Schreiber, der sich über Amtsmissbrauch der SED-Führung empört, am 15.11.1989 fest.[13] Sie zeigen vielfältige Wirkungen von Indoktrination. Auch da, wo Machtabbau der SED gefordert und begrüßt wird, finden sich immer wieder typische Sprach- und Argumentationsmuster der SED-Ideologie.

Hervorstechend ist der häufige und die DDR lang überdauernde Rekurs auf einen Paternalismus, wie er sowohl als Geste als auch als Aussage der SED als Herrschaftsbegründung gedient hatte. So schickte am 15.4.91 eine Arbeitslose aus einem sächsischen Dorf der Jungen Welt einen Brief an den PDS-Politiker Hans Modrow. Darin heißt es: „Werter Herr Dr. Modrow! Sie waren der letzte Staatsratsvorsitzende in unserem Land u. haben sich jetzt rar gemacht, aber durch Zufall sah ich Sie im Fernsehen u. hab mich eigentlich gefreut, dass Sie mal da waren ... Sie sind vielleicht ein Mensch, der anderen helfen kann, wenn sie in Not sind – Gerade deswegen möchte ich mich mal mit Ihnen unterhalten ... Ich habe überall so gearbeitet, wie sich das gehörte u. hätte es trotz meiner Krankheit auch weiter getan. Meine geleistete Arbeit in den vergangenen Jahren findet somit keine Anerkennung ... Die BRD predigt Wein und gereicht wird Wasser...[und mit Bezug auf ein Marx-Denkmal vor dem Arbeitsamt in Karl-Marx-Stadt:] ... ich glaube, er würde solche Ungerechtigkeit nicht zulassen u. wenn er könnte, einem zu Hilfe kommen."[14]

Es handelt sich hier nicht um eine besonders „überzeugte" SED-Genossin: die Autorin thematisiert an anderer Stelle des Schreibens ihre kirchliche Bindung. SED-Doktrinen klingen in ihrem Schreiben gleichwohl mehrfach an: Zum einen darin, dass Leistungsbereitschaft als Gabe des Bürgers an einen im Gegenzug väterlich-fürsorglichen Staat aufgefasst wird. Zum anderen waren Zitate wie das vom Wasser-Predigen in denunziatorischer Verwendung mit Blick etwa auf die Kirche oder die Bundesrepublik in doktrinären Argumentationen in der DDR beliebt. Die Autorin greift dies – möglicherweise unbeabsichtigt – auf, indem sie das Verb „Predigen", obwohl sie eigentlich „Versprechen" meint, als Prädikat des zu denunzierenden Akteurs beibehält. Schließlich verweist die Anspielung auf das Karl-Marx-Denkmal auf eine inhaltliche Fortwirkung von Indoktrination.

Dem Paternalismus der SED verwandt war auch das Konzept eines quasi-familiären „Vertrauensverhältnisses" zwischen Staat und Bürgern, auf das sich im Herbst 1989 Kritiker an der SED bezogen. „Wo ist das Vertrauen, das auf Gegenseitigkeit beruht?", fragt ein Briefschreiber am 3.10.89, und argumentiert: „Der Glaube an diese Partei ist völlig im Eimer! ... Die Partei hat es [das Vertrauen] ihren Bürgern nie entgegengebracht, während es vom Bürger gegenüber der Partei und dem Staat stets verlangt wird..." (A.a.O.: JW 456: Bl.176).

---

13 Archiv der Bibliothek für Bildungsgeschichtliche Forschung: JW 456: Bl. 118.
14 A.a.O.: JW 275: Bl. 41ff. Auf institutioneller Ebene spiegelt dieses Schreiben die fehlende Verwaltungsgerichtsbarkeit in der DDR und die Praxis des Eingabenwesens wieder.wider.

Die sozialpolitische Doktrin der SED wird von verschiedenen Schreiberinnen evoziert, etwa, wenn sie Mutterschaft als ein Argument der Rede-Berechtigung anführen, und diese zugleich als eine Verpflichtung für die Gemeinschaft interpretieren. „Ich bin 27 Jahre alt und Mutter von 2 Kindern. Vor einigen Tagen wurde in der Jungen Welt veröffentlicht, was der ehemalige DDR-Bürger und Schauspieler Walter Plathe für ein Gehalt bekam..." (a.a.O.: JW 456: Bl. 24f.) beginnt am 10.11.1989 eine Dresdenerin ihre Kritik an vergleichsweise hohen Gehältern für Künstler, deren Nützlichkeit für die Gemeinschaft sie in Frage stellt. Ihre „gesellschaftliche Nützlichkeit" als Mutter führt die Autorin implizit an, um ihr Urteil zu rechtfertigen. Nützlichkeit – und nicht etwa Qualifikation – soll auch die Höhe von Einkommen begründen. Ähnlich kommentiert voller Empörung eine andere Schreiberin die – erst im Herbst 1989 bekannt werdenden – die Gehälter von Oberliga-Fußballern, denen sie das Einkommen von Krankenschwestern gegenüberstellt, also einer Berufsgruppe, die weibliche Fürsorglichkeit verkörpert und mit der Bereitschaft zu Aufopferung und Dienst an der Gemeinschaft assoziiert wird. Über die Argumentationsmuster kommt das egalitäre Gesellschaftsideal des Sozialismus, ohne ausdrücklich benannt zu werden, zum Ausdruck. Weiterhin wird in diesem thematischen Feld Mutterschaft als Pflicht und Recht gleichzeitig beschworen. So versieht am 6.11.1989 eine Schreiberin aus Karl-Marx-Stadt ihren Leserbrief mit der Überschrift: „<u>Offener Brief einer Mutter</u>" Das politische Gemeinwesen wird von ihr als eine verpflichtende, quasi-familiäre Gemeinschaft entworfen: „Jeden Morgen, an dem ich Nachrichten höre, sterbe ich ein Stück vor Traurigkeit über die vielen jungen Menschen unseres, meines Landes, die uns und mir den Rücken kehren... Hast du, der du kleine Kinder mitführst, vergessen, dass der Werktätige neben dir, dir das Babyjahr ermöglichte und dafür doppelte Arbeit leistete, auch, wenn dein Kind erkrankt war?" (a.a.O.: JW 456: Bl. 33f.).

Die größte Empörung lösten seit November 1989 Enthüllungen über „Amtsmissbrauch und Korruption" aus. Dass nach dem Wegfall der Zensur Berichte über den Privatbesitz der Partei- und Staatsführung an Immobilien und westlichen Konsumgütern heftigere und breitere öffentliche Kritik auslösten als etwa die Thematisierung von repressiven Strukturen der Diktatur, spiegelt an sich bereits Indoktrination: hier war die doktrinär vermittelte Werteordnung durch die Staatsführung selbst missachtet worden. Das verletzte Gerechtigkeitsempfinden geht bei der folgenden Schreiberin vom 30.12.89 mit der selbstverständlichen Befürwortung einer instrumentellen Nutzung von Rechtsprechung einher; ihre Empörung macht sich Luft in Ausdrucksweisen, die die in der SED-Ideologie inflationäre Bezugnahme auf „die Menschheit" anklingen lassen sowie deren Polarisierung von Gut und Böse bedienen: Korruption und Amtsmissbrauch durch die SED seien „... ein zu großes Vergehen, ja Verbrechen an der gesamten gutgläubigen Bevölkerung, ja Menschheit ... Und wenn es keine Handhabe, kein Recht gibt, diese Leute ... hinter Schloß und Riegel zu setzen, dann schafft schnellstens solche Gesetze der Gerechtigkeit ... Ansonsten gilt nach wie vor meine aktive Tat unserem Land, nun dem erneuerten u. gesäuberten, meine aktive Solidarität dem Kampf der Befreiung u. den anderweitig Leidgeprüften, so auch Rumänien" (a.a.O.: JW 456: Bl. 135). Die hier zum Schluss deutliche Beschwörung einer wiederum den Einzelnen verpflichtenden „wir"-Gemeinschaft, die auf den Staat bezogen ist, teilen auch Schreiber, die Ideologie und Sprache kritischer reflektierten. So in dem folgenden Beispiel, in dem am 2.11.1989 die Praxis der Indoktrination selbst zum Thema gemacht wird: „...Mich bewegt Folgendes: ... Es heißt, die Schule habe den Auftrag, Vermittlerin der marxistisch-leninistischen Weltanschauung zu sein. Der Lehrer sei Propagandist der Weltanschauung der Arbeiterklasse. Kinder stammen aber aus Elternhäusern unterschiedlich geprägten sozialen Milieus und verschiedener Weltanschauung. Müssten wir nicht darüber sprechen, inwieweit die Schule, die für ALLE Kinder Ort des Lernens ist, ausschließlich EINE weltanschauliche Bindung zum erklärten Erziehungsziel machen kann? Wäre es nicht richtiger ... die Fähigkeit zum selbständigen geschichtlichen Denken auszubilden, Kinder zu formen, die gern [ihre Fähigkeiten] in unseren sozialistischen Staat einbringen...?" (a.a.O.: JW 456: Bl. 151). Es erscheint als konsequent, dass dieser den Ausschluss von Pluralität durch Indoktrination explizit thematisierende Brief derselben auch im Argumentationsstil nicht so stark wie eine überwältigende Zahl der Leserbriefe insgesamt verhaftet ist. Aber auch in diesem Falle wird auf das familiäre „wir" des sozialistischen Gemeinwesens, das die Abiturientin in ihrer Gedichtinterpretation so wirksam zur Parodie nutzte, rekurriert.

Die hier nur schlaglichtartig präsentierten Leserbriefe geben einen Eindruck davon, wie Indoktrination zumindest partiell semantisch, vor allem jedoch „grammatisch" – im Aufgreifen ihrer Sprach- und Argumentationsmuster – auch dann fortwirkte, als die Macht der SED in Frage gestellt wurde bzw. dass sie diese überdauerte. Dies sollte nicht als „Nebenwirkung" von Indoktrination interpretiert werden, sondern erscheint als wesentlicher Aspekt derselben, woraus These 3 folgt:

Die flexible Pragmatik, der Indoktrination immer diente, implizierte graduell unterschiedliche Identifikation mit ihren semantischen Inhalten – bis hin zur ironischen Distanz. Für die typischen Argumentations- und Sprachmuster, die „Grammatik der Indoktrination" gilt dies nicht in gleicher Weise. Es ist anzunehmen, dass besonders auf dieser Ebene die Wirkung nachhaltig ist und Indoktrination Wahrnehmungsmuster und damit die Deutung der Wirklichkeit prägt. Sie wirkt so auf das Denken und Handeln von Menschen, besonders in der Bewertung von Politik und der Einschätzung der eigenen Handlungsoptionen.

Diese Skizze anhand des historischen Falles der SED-Diktatur wirft Fragen nach der differenzierten Beurteilung von Wirkungen doktrinär vertretener Positionen auch in pluralistischen Gesellschaften auf. Zu fragen wäre beispielsweise, welche Argumentations- und Sprachmuster im Kontext demokratischer Aushandlungsprozesse eine indoktrinierende Dimension entfalten (etwa das Argument, es gäbe zu einer bestimmten politischen Maßnahme keine Alternative) und inwiefern deren häufige Verwendung auch jenseits der mit ihnen vertretenen Inhalte Wahrnehmungsmuster nachhaltig beeinflussen kann.

Literatur

Ammer, Thomas (2003): Die „sozialistische Schule" – Erziehung und Bildung in der DDR. In: Eppelmann, Rainer/Faulenbach, Bernd/Mählert, Ulrich: Bilanz und Perspektiven der DDR-Forschung. Paderborn: Schöningh: 292-299.

Bessel, Richard/Jessen, Ralph (1996): Die Grenzen der Diktatur. Staat und Gesellschaft in der DDR. Göttingen: Vandenhoeck & Ruprecht.

Blask, Falk/Geißler, Gert/Scholze, Thomas (Hrsg.) (1996): Schule: Streng vertraulich! Die Volksbildung der DDR in Dokumenten (hg. vom Ministerium für Jugend, Bildung und Sport des Landes Brandenburg) Band 1. Berlin: BasisDruck.

DDR-Handbuch (1985). Herausgegeben vom Bundesministerium für innerdeutsche Beziehungen. Köln: Verlag Wissenschaft und Politik.

Cloer, Ernst (1998): Bildungspolitik, Pädagogik und Erziehungsverhältnisse in der DDR als Gegenstand der historischen Bildungsforschung. In: Stroß, Annette et al. (Hrsg.): Erziehungswissenschaft, Nachbardisziplinen und Öffentlichkeit. Themenfelder und Themenrezeption der allgemeinen Pädagogik in den achtziger und neunziger Jahren. Weinheim: Deutscher Studien Verlag: 35-74.

Geißler, Gert/Wiegmann, Ulrich (1996): Pädagogik und Herrschaft in der DDR. Die parteilichen, geheimdienstlichen und vormilitärischen Erziehungsverhältnisse. Frankfurt a. M.: Peter Lang.

Gotschlich, Helga/Schulze, Edeltraut (Hrsg.) (1996): Deutsche Teilung – deutsche Wiedervereinigung. Jugend und Jugendpolitik im Umbruch der Systeme. Berlin: Metropol-Verlag.

Gries, Rainer (2005): Zur Ästhetik und Architektur von Propagemen. Überlegungen zu einer Propagandageschichte als Kulturgeschichte. In: ders./Schmale, Wolfgang (Hrsg.): Kultur der Propaganda, Bochum: Winklerverlag: 9-58.

Häder, Sonja/Kudella, /Tenorth, Elmar/Paetz (Hrsg.) (1996): Politisierung im Schulalltag der DDR. Weinheim: Deutscher Studienverlag.

Häder, Sonja/Ritzi, Christian/Sandfuchs, Uwe (Hrsg.) (2001): Schule und Jugend im Umbruch. Analysen und Reflexionen von Wandlungsprozessen zwischen DDR und Bundesrepublik. Hohengehren: Schneider Verlag.

Jessen, Ralph: Diktatorische Herrschaft als kommunikative Praxis. Überlegungen zum Zusammenhang von „Bürokratie" und Sprachnormierung in der DDR-Geschichte

(1997). In: Lüdtke, Alf/Becker, Peter: Akten. Eingaben. Schaufenster. Die DDR und ihre Texte. Berlin: Akademie-Verlag.

Kudella, Sonja/Paetz, Andreas/Tenorth, Heinz-Elmar (1996): Die Politisierung des Schulalltags. In: Ministerium für Bildung, Jugend und Sport des Landes Brandenburg (Hrsg.). Geschichte, Struktur und Funktionsweise der DDR-Volksbildung. Band 2: In Linie angetreten. Die Volksbildung der DDR in ausgewählten Kapiteln. Ludwigsfelde-Struveshof: PLiB: 21-209.

Laabs, Hans-Joachim (Hrsg.): Pädagogisches Wörterbuch der DDR (1987). Berlin (Ost): Volk und Wissen.

Margedant, Udo: Das Bildungs- und Erziehungssystem der DDR – Funktion, Inhalte, Instrumentalisierung, Freiräume. In: Materialien der Enquete-Kommission „Aufarbeitung von Geschichte und Folgen der SED-Diktatur in Deutschland". Hrsg. vom Deutschen Bundestag. Band III/3: 1489-1529.

Michalzik, Martin (1996): Das offizielle Jugendbild und das Scheitern der „sozialistischen Erziehung" – Anmerkungen zu Politik und politischer Sozialisation in der DDR. In: Gotschlich, Helga et al. (Hrsg.): 172-184.

Morris, Charles William (1938): Foundations a theory of signs. Chicago: University of Chicago Press.

Ohse, Marc-Dietrich (2003): Jugend nach dem Mauerbau. Anpassung, Protest und Eigensinn (DDR 1961-1974). Berlin: Christoph Links Verlag.

Sabrow, Martin (2006): Die Zukunft der Aufarbeitung und die Argumente der Vergangenheit. Zur Kritik an den Empfehlungen der Expertenkommission für die öffentliche Auseinandersetzung mit der SED-Diktatur. In: Deutschlandarchiv. Heft 5. Jg. 33. Hannover: Bertelsmann.

Schneider, Katharina (1995): Weltanschauliche Erziehung in der DDR. Normen – Praxis – Opposition. Eine kommentierte Dokumentation. Opladen: Leske + Budrich.

Stroß, Annette (1989): Indoktrination. In: Lenzen, D. (Hrsg.): Pädagogische Grundbegriffe. Band 1. Hamburg: Rowohlt: 722-726.

Tenorth, Heinz-Elmar (1996): „Umgang mit Indoktrination" – Konzeptionelle Fragen und methodische Probleme des Projekts. In: Benner, Dietrich et al. (Hrsg.): Pädagogische Eigenlogiken im Transformationsprozess von SBZ, DDR und neuen Ländern. Berlin: FU Berlin. Institut für Allgemeine Pädagogik, Arbeitsbereich Empirische Erziehungswissenschaft.: 342-361.

Tenorth, Heinz-Elmar (2001): Politisierung im Schulalltag der DDR. Dimensionen des Problems, Befunde und weitere Forschungsprobleme. In: Häder et al. (2001): 15-30.

Tenorth, Heinz-Elmar (1995): Grenzen der Indoktrination. In: Drewek, Peter et al. (Hrsg): Ambivalenzen der Pädagogik – Zur Bildungsgeschichte der Aufklärung und des 20. Jahrhunderts. Weinheim: Deutscher Studien Verlag: 335-351.

Quellen

Bibliothek für Bildungsgeschichtliche Forschung des Deutschen Instituts für Internationale Pädagogische Forschung – Archiv: Bestand Leserbriefe an die Junge Welt (JW).

Chancengleichheit und Vereinbarungskultur – Notwendige Ambivalenzen pädagogischer Doktrinen

Agnieszka Dzierzbicka, Elisabeth Sattler

Die folgenden Überlegungen kreisen um jene Ambivalenzen, die sich gegenwärtig im Umgang mit Indoktrination im pädagogischen Denken und Handeln einstellen. Ambivalenz, verstanden als eine Empfindung, die deutlich verschiedene, unter Umständen gegensätzliche Bestimmungen enthält, dient uns hierbei als leitendes Orientierungskriterium. Denn die Auseinandersetzung mit Indoktrination erweist sich in pädagogischer Hinsicht als problematisch, widersprüchlich aber eben auch als aufschlussreich, insbesondere wenn es gilt, aktuelle Herausforderungen im Bildungswesen zu identifizieren. Auf diese Weise gelingt es, so meinen wir, ein Phänomen in den Blick zu rücken, das seit je her der Pädagogik inhärent ist, das jedoch spätestens mit deren wissenschaftlicher Variante und ihrer Verschreibung an einen logozentrischen Zugang, nicht mehr ‚genehm' scheint: die Indoktrination. Anders formuliert: Pädagogik ist ohne Doktrinen nicht zu haben.

Der Indoktrinationsbegriff selbst ist in erster Linie als ein politischer Begriff zu verstehen. So bleibt im pädagogischen Diskurs Indoktrination zumeist ‚verschwiegen' und wird wenn, dann nur am Rande erwähnt, wie Annette Stroß in ihren Arbeiten aufgezeigt hat (vgl. Stroß in diesem Band). Vorherrschend scheint in diesem Zusammenhang die Regel, dass pädagogisches Denken das Verhältnis von Erziehung und Indoktrination als ein primär differentes, zu unterscheidendes ausweist, – versteht sich doch auch heute pädagogisches Denken jedenfalls als eines, das der Aufklärung verpflichtet und an Kritischer Theorie geschult ist. Doch bedenken wir zunächst den Begriff der Indoktrination in seiner politisch gefärbten und pejorativen Bedeutung (vgl. Stroß 2004: 722): der Begriff der ‚Indoktrination' (lat.: *in doctrina* – hinein und Lehre, Belehrung) findet im deutschsprachigen Raum erst in den 60er Jahren des 20. Jahrhunderts Eingang in den allgemeinen Wortschatz. Unter ‚Doktrin' lässt sich in einem ersten Zugang mal ein ‚Komplex von Begriffen' verstehen, der weniger durch logische Argumente begründet ist, der darauf gerichtet ist, das Handeln zu leiten, stärker: zu beherrschen. Von Indoktrination kann dann und dort gesprochen werden, wo

Erziehung und/oder Unterricht zur Verbreitung einer Doktrin benutzt werden, wenn diese dann als einzig ‚wahre' oder ‚wissenschaftlich abgesicherte' erscheint, wenn also Gegenargumente verschwiegen oder unterdrückt werden (vgl. Böhm 2000: 258). Stroß unterscheidet vor diesem Hintergrund Formen offener Indoktrination – beispielsweise alle Arten der ‚Bewusstseinsvergewaltigung' – von latenter Indoktrination. Unter latenter Indoktrination fasst sie jene Formen von Erziehung und Unterricht, in denen mit „zum Teil stereotyp-repetierenden Mustern und Verabsolutierungen gearbeitet wird (Glaubenssätze werden als Wahrheiten ausgegeben), die Schüler in einer rezeptiven Haltung belassen und abweichende Meinungen nicht (oder nur in geringfügigem Maße) zulassen" (Stroß 2004: 722). Diese Unterscheidung zwischen offener und latenter Indoktrination wird für unsere Thesen ebenso relevant sein, wie die Differenzierung zwischen individueller und kollektiver Indoktrination. Erstere fokussierte das Individuum als Adressat indoktrinärer Zugriffe, während Formen der kollektiven Indoktrination – dem Begriff entsprechend – auf Kollektive und auf Institutionen gerichtet sind.

Auch wenn es sich beim Begriff der Indoktrination zunächst nicht um einen ‚einheimischen' pädagogischen Begriff handelt, sondern um einen politischen, so nehmen wir ihn hier im pädagogischen Diskurs auf und thematisieren vor allem Ambivalenzen: jene Ambivalenzen, die der Pädagogik als Disziplin und als Profession angesichts der Möglichkeit von Indoktrination eingeschrieben sind. Pädagogik bemächtigt sich einerseits der Indoktrination und tritt andererseits gegen eine indoktrinäre Vereinnahmung auf. Ähnlich argumentieren Peter Drewek et al., wenn sie ein ungeklärtes „systematisches Problem" (Drewek et al. 1995: 7) angesichts der Rolle der Pädagogik und ihrer Möglichkeiten konstatieren. Dieses systematische Problem identifizieren sie als einen „unausweichlichen Widerspruch gar als Antinomie, in die sowohl die moderne Pädagogik als auch ihre Epoche unlösbar verstrickt sind, oder als Ambivalenz in einer inzwischen ‚postmodernen' Gesellschaft, die mit einer pluralen Wirklichkeit und der Vielfalt von Interpretationen der Welt zu leben versucht" (ebd.).[1] Die eingeschriebenen Ambivalenzen lassen sich am Beispiel von Chancengleichheit und Vereinbarungskultur wie folgt verdichtet darstellen: Bildungspolitische Forderungen nach

---

[1] Über die Spezifität von Ambivalenzen in postmodernen Gesellschaften vgl. auch Terry Eagleton 1997, insbesondere Kapitel 2: 27-59: „Trotz ihrer gepriesenen Offenheit gegenüber dem Anderen kann das postmoderne Denken genauso ausschließend und restriktiv sein wie die orthodoxen Theorien, die es bekämpft. Man darf zwar im Allgemeinen von menschlicher Kultur, aber nicht von menschlicher Natur sprechen, von Geschlecht, aber nicht von Klasse, vom Körper, aber nicht von Biologie, von *Jouissance*, aber nicht von Gerechtigkeit, von Postkolonialismus, aber nicht vom Kleinbürgertum. Es handelt sich um eine ausgesprochen orthodoxe Heterodoxie, die wie jede vorstellbare Form von Identität ihre Schreckgespenster oder Scheingegner braucht, um nicht unterzugehen" (Eagleton 1997: 35).

Chancengleichheit und Vereinbarungskultur sind als Doktrinen identifizierbar. In unserem Zusammenhang scheint die Angelegenheit recht ‚einfach', es handelt sich um politische Forderungen, die einen Standpunkt einfordern (vgl. Singer 2005: 165ff.) und – hier kommt die Frage der Indoktrination ins Spiel – einer Umsetzung bedürfen. In demokratischen Gesellschaften erfolgt diese latent.[2] So mag Indoktrination in einer Demokratie heute verwerflich scheinen, auch keine pädagogische Kategorie sein, dennoch prägt sie die Erziehungswirklichkeit nachhaltig: Auf einer kollektiven Ebene sind es die Bildungsinstitutionen und erzieherischen Programmatiken, auf einer individuellen Ebene ist es das spezifische Verhältnis zwischen Lehrenden und Lernenden – kurz das Lehrer-Schüler-Verhältnis, die diesen Forderungen verpflichtet sind. Beide Ebenen sind von Ambivalenzen geprägt, die – so unsere These – bildungspolitisch und in der Pädagogik bildungstheoretisch wie praktisch gewendet notwendig sind.

Im Folgenden werden wir am Beispiel von *Chancengleichheit* (1) und *Vereinbarungskultur* (2) diese These exemplifizieren und in einem weiteren Schritt (3) ihren pädagogisch theoretischen und praktischen Einsatz markieren.

1 Chancengleichheit

Die Forderung nach Chancengleichheit gilt angesichts vielfältiger Ungleichheiten zwischen den Menschen als eine der wichtigsten Maximen bildungspolitischer Reformen. Eine große Bedeutung bei der ‚Herstellung' von Chancengleichheit wird seit den 1960er Jahren dem Bildungssystem zugesprochen. Wie Chancengleichheit denn nun zu realisieren sei oder was denn unter diesem Begriff zu verstehen sei, ist allerdings von Beginn an umstritten: „Was *genau* unter ‚Chancengleichheit' verstanden und was darunter *nicht* verstanden werden soll, ist nie genau definiert worden" (Oelkers 2002: 12). So kann auch kein ‚pädagogisches Konzept' von Chancengleichheit ausgemacht werden, sondern Chancengleichheit verweist auf einen (gesellschafts-)politischen Gleichheitsanspruch, der über Bildung und Erziehung realisiert werden soll. Pädagogik arbeitet so im Namen der Chancengleichheit an einem sich immer effektiver formierenden Zirkel mit scheinbar unbezweifelter Berechtigung – denn: wer könnte denn ernsthaft gegen Chancengleichheit votieren?

Chancengleichheit ist dann auch überall am richtigen Ort, ganz gleich ob in Schulen, Universitäten oder Personalabteilungen; überall werden Lernmodule, Beratungen, Trainings und freilich auch Evaluationen entwickelt, die allen gleiche Chancen ermöglichen sollen. Ob Töchter-Tage, Mentoring-Programme,

---

2 Vgl. Stroß 1994: 59 und in diesem Band.

Förderprogramme für spezifische ‚benachteiligte' Gruppen oder spezielle Calls – Anreizsysteme sind (auch) in Sachen Chancengleichheit en vogue. Die Permanenz dieser Angebote ist jedenfalls sicher gestellt: denn erstens ist Chancengleichheit real nicht anzutreffen (und wird es wohl auch nie sein) und zweitens sind jene Probleme, die im Kontext des Begriffs anzutreffen sind, nach wie vor ungelöst. Es sind dies die basalen Fragen nach dem Menschen, nach Gleichheit/Ungleichheit, nach Recht, nach Freiheit und nach Gerechtigkeit.[3]

Ein bildungstheoretischer Blick auf den Begriff zeigt ganz klar die Paradoxien dieser Forderung: ‚Chancengleichheit' und die Forderung nach Chancengleichheit haben Ungleichheiten zur Vorraussetzung. Die Forderungen nach Chancengleichheit haben Ungleichheiten aber „auch zum *Zweck*" (Heid 1988: 5; kursiv ES/AD). Das ist bisher meist übersehen worden und kann erklären, warum alle Bemühungen seit Jahrzehnten erfolglos sind. Heid exemplifiziert die bildungstheoretischen Paradoxien der Chancengleichheit an einem 100-Meter-Lauf. Auch der erweist sich nur dann als sinnvoll, wenn nicht alle die gleiche Chance haben zu gewinnen und wenn nicht alle gleichzeitig ankommen. So ist die Forderung nach Chancengleichheit ein Indikator dafür, dass es Ungleichheit gibt und geben soll. Denn Chancengleichheit wird als eine Wettbewerbsformel erkennbar, die der Leistungsgesellschaft unausweichlich eingeschrieben ist. So kann es auch im hierarchisch strukturierten Bildungssystem Aufstieg nur dort geben, wo nicht alle aufsteigen können.

Fatalerweise appelliert die Forderung nach Chancengleichheit so jedoch vor allem an die Individuen: sie mögen doch ihre Chancen nutzen.[4] Doch damit wird ein Problem als ein scheinbar individuell lösbares Problem formuliert, das eigentlich ein strukturelles soziales Problem darstellt und als solches just nicht individuell lösbar ist. Denn im Zuge der Individualisierung scheint es als könne jede und jeder den Aufstieg schaffen, weil allein Können, Talent und Fleiß den Ausschlag gäben. Doch dem ist nicht so. Denn auch nach den Bildungsreformen der zweiten Hälfte des 20. Jahrhunderts hat sich an der sozialen Platzierungsfunktion und dem zentralen Einfluss der sozialen Herkunft auf die Bildungsteilhabe nichts verändert: Schule und das Bildungssystem erweisen sich immer noch

---

3   Gleichheit/Ungleichheit sind erfahrungswissenschaftliche operationalisierbare Begriffe. Es sind Begriffe, die *per se* noch nichts über Gerechtigkeit und/oder Ungerechtigkeit aussagen. Empirisch lässt sich erheben, wie gleich/ungleich in unserer Gesellschaft Chancen verteilt sind, jedoch: „Wie wir leben, wie die gesellschaftlichen Verhältnisse beschaffen sind, ist eine Frage des Wirklichkeitssinns. Wie wir leben könnten, wie der Verhältnisse aussehen könnten, ist eine Frage des Möglichkeitssinns" (Singer 2005: 272). So kann empirisch- - erfahrungswissenschaftlich nicht darüber diskutiert werden, wie gerecht/ungerecht eine Gesellschaft und ihre Bildungsinstitutionen sind. Es bedarf, um Ungleichheit als ein Problem der Ungerechtigkeit zur Sprache bringen zu können, sozialtheoretischer, ethischer und politischer Diskurse.

4   Vgl. dazu auch Sattler 2006: 65f.

als Stabilisator sozialer Ungleichheit. So zeigt sich, dass – trotz und wegen aller Bemühungen um Chancengleichheit – das Bildungswesen ein „Transmissionsriemen sozialer Ungleichheit" (Friebel et al. 2000: 13) geblieben ist.

Ein analytischer Blick auf Chancengleichheit zeigt mindestens zwei problematische Aspekte auf: einerseits – wie bereits expliziert – die Tatsache, dass Chancengleichheit auf dem Leistungsprinzip beruht und diesem eingeschrieben ist (vgl. Heid 1988, vgl. auch Kampshoff/Lumer 2002). Damit wird über die Selektions- und Allokationsfunktion von Schule neben der Verteilung der Chancen auch eine Legitimation von Macht- und Ungleichheitsstrukturen bewerkstelligt. Andererseits erscheint der Aspekt der Gleichheit als ein problematischer am Begriff der Chancengleichheit. Gleichheit als normativer Bezugspunkt ist immer wieder einer Kritik unterzogen worden, da normative Setzungen von einem androzentrischen, eurozentrischen und/oder bürgerlichen Ideal ausgehen, ohne dass dieses jeweils hinreichend verdeutlicht wird.[5]

Wird die Forderung nach Chancengleichheit der allgemeinen politischen Forderung nach Gleichheit zugeordnet, so kehrt diese Gleichheit in pädagogischen Diskursen als Doktrin wieder. Einerseits arbeiten PädagogInnen an der latenten Indoktrination dieser Gleichheitsforderung also praktisch mit, andererseits führt eine Analyse der logischen und theoretischen Voraussetzungen auch nicht zu einer Position ‚außerhalb'. Daran ändert auch der Anspruch nichts, dass Chancengleichheit in modernen Gesellschaften das Recht auf eine gerechte Verteilung von Zugangs- und Lebenschancen beschreibt und Diskriminierung beispielsweise aufgrund von Geschlecht, Religion oder Herkunft (vgl. Allgemeine Erklärung der Menschenrechte 1948) verbietet.

2 Vereinbarungskultur

Die Forderung nach Chancengleichheit wie auch die Anordnung einer Vereinbarungskultur können unter anderem als bildungspolitische Doktrinen betrachtet werden, die gemäß jeweils aktuellen Herausforderungen formuliert wurden. Ist

---

5   In Opposition zur Setzung der Gleichheit jedoch nun bloß auf ‚Differenz' zu setzen, erscheint auch unzureichend, da Differenzen immer wieder zum Ausgangspunkt von Hierarchien genutzt werden. So wird aus Ungleichem dann Ungleichwertiges, aus Andersartigem Abgewertetes. Eine Position jenseits dieser beiden Extrempositionen (Gleichheit – Differenz) schlägt Annedore Prengel vor, wenn sie „Gleichheit nicht ohne Akzeptanz von Differenz […] und Differenz nicht ohne die Basis gleicher Rechte" (Prengel 1993: 125) fordert. Zu einem differenzierten Blick auf Gleichheit und deren Spiegelungen vgl. Menke 2000. Zur ‚Politik der Differenz' etwa bei Taylor, in der Gleichberechtigung „per se eine differenzierende Behandlung, bis hin zu Regeln und Verfahren *positiver* Diskriminierung auf der institutionellen Ebene" (Ricœur 2006: 269) verlange.

die Chancengleichheit vor dem Hintergrund und spätestens seit der 1968er Jahre die Maxime im Bildungswesen, so ist seit Ende der 1990er Jahre der Ruf nach einer neuen Erziehungskultur, der Vereinbarungskultur, im institutionalisierten Erziehungswesen nicht zu überhören. Beide Forderungen scheinen politisch plausibel und sind gesetzlich verankert worden (vgl. Schulgesetznovelle 2001 in Österreich Schulunterrichtsgesetz 2001, vgl. auch Flüssel/Kretschmann 2005 für Deutschland). Plausibel scheinen sie, weil ein Bezug auf Gleichheit und Vertragsdenken in einer Weltauffassung, die Differenz (Ethnische Herkunft, Geschlecht, Klasse, sexuelle Orientierung etc.), Individualismus, lokales Handeln, globales Denken, Unternehmertum und Wettbewerb groß schreibt, vor allem unter einen Hut zu bringen trachtet, als eine notwendige Konsequenz erscheint: Vor diesem Hintergrund der großen Differenzen wird der Raum dazwischen relevant, d.h. der Raum, der jenseits von großen Institutionen, jenseits der ausladenden Gesten einer Interessensvertretung, die ihr politisches Subjekt zu definieren vermag, zum begehrten Spielraum von Relationen und Verhandlungen. Aus der bildungstheoretischen Perspektive sieht es hingegen anders aus. Wie eingangs festgestellt beinhalten die Umsetzungsversuche Ambivalenzen und Ambiguitäten, die verdeutlichen, dass Bildungs- und Erziehungsprogramme ohne Indoktrination nicht zu haben sind. Vor allem aber verdeutlichen sie, dass eine Position ‚außerhalb' – ungeachtet aller Erkenntnis und allen Wissens um Indoktrinationsprozesse – unmöglich ist. Wie kann beispielsweise ernsthaft eine Verpflichtung zur Gleichheit, Toleranz und Partnerschaft, wie sie der Vereinbarungskultur inhärent ist, in Frage gestellt werden?

Aus bildungstheoretischer Position jedenfalls, denn in diesem Zusammenhang werden Fragen nach dem Verhältnis der Vereinbarungspartnerschaft besonders brisant, gilt doch spätestens seit Johann Friedrich Herbarts Allgemeiner Pädagogik (1806) eine besondere Beziehung zwischen den Erziehenden und zu Erziehenden: die Stellvertretungsbeziehung. „Der Erzieher vertritt den künftigen Mann beim Knaben" (Herbart 1982: 41, vgl. auch Röhr 2002), heißt es bekanntlich bei Herbart. Und dennoch: Bei nüchterner Betrachtung der gesellschaftlichen Umstände sind wir als PädagogInnen tunlichst beraten, eine theoretische Basis für die Vereinbarungskultur stark zu machen, zumal um die Qualifikation – kritisch oder unkritisch gewendet und genutzt – kein Zögling von heute und kein Erwachsener von morgen herum kommt: die Betriebs-, Ziel- und Leistungsvereinbarungen wollen genutzt sein (vgl. Dzierzbicka/Sattler 2004). Schließlich ist Kontraktmanagement nicht nur in Schule, Betrieb und Universität zu finden. Umstrukturierungen und Rationalisierungen haben auch andere einschließende Institutionen in privatisierte bzw. teilprivatisierte Unternehmen transformiert und das Management by Objectives zu einer Option gemacht. Jugendwohlfahrt, Kranken- und Versicherungsanstalten, selbst Heer und Gefängnisse üben sich in

Selbstmanagement, im Lukrieren von Mitteln und vor allem im Verhandeln (vgl. Dzierzbicka 2006). Das mittlerweile nicht mehr so neue New Public Management bringt über kurz oder lang alle diese Institutionen an den Verhandlungstisch. Anstelle von Subventionen treten Ziele, die durch marktwirtschaftliche Anreizstrukturen die Betroffenen zum Verhalten und Handeln bringen. Die Masse der neuen Selbständigen mit ihren prekären Beschäftigungsverhältnissen komplettiert das brüchige Bild der einstigen wohlfahrtsstaatlichen Einrichtungen mit ihrer Verpflichtung zur Vorsorge und veranschaulicht die unternehmerischen Herausforderungen, mit denen Individuen konfrontiert sind[6].

Gouvernementalitätsstudien zur Ökonomisierung des Sozialen haben auf den Umstand der Transformation von Staatlichkeit ausreichend hingewiesen.[7] Der Trend zur Unternehmensgesellschaft scheint gewiss, öffentliche wie private Institutionen sind gemeinsam mit den Einzelnen aufgefordert, die Angelegenheiten des Sozialen zu regeln. „Gleichwohl lässt sich sagen, dass es heute zu einer strategischen Wende in der Politik der sozialen Sicherheit gekommen ist. Erneut fordern PolitikerInnen und andere den Einzelnen auf, selbst die Verantwortung für seine soziale Sicherung und die seiner Familie zu übernehmen, sich also gegen die Kosten einer Erkrankung mit einer privaten Krankenversicherung zu schützen, zur Altersvorsorge eine private Rentenversicherung abzuschließen und sich in Eigeninitiative gegen die mögliche Gefährdung des einmal erreichten Lebensstandards abzusichern" (Rose 2000: 97). Am Beispiel des gebrochenen Generationenvertrages wird die Notwendigkeit eines solchen Arrangements deutlich. Dabei scheint außer Frage gestellt zu sein, dass der Staat das bisher übliche Leistungsniveau hinsichtlich der Versorgung im Alter für die gegenwärtige Generation der Arbeitnehmenden nicht länger garantieren kann. Kooperatives Handeln aller Beteiligten ist daher gefragt; wie viel die einzelnen Interessengruppen zu erübrigen haben oder in Betracht ziehen dürfen, ist eine Frage des Verhandlungsspielraums und der Angebote, die sie einzusetzen imstande sind. »Mittel für Leistungen und Ziele« könnte die Formel für die Organisation des Sozialen, »Mitbestimmung für Beteiligung und Partnerschaft« könnte die Formel für die Organisation der Verantwortung lauten.

So mögen die Umsetzungsversuche der auf Gleichheit beharrenden Vereinbarungskultur eine zeitgemäße Variante von Indoktrination darstellen – letztlich scheint diesem Begriff ein gewisser Touch von Antiquiertheit innezuwohnen – gilt es doch zu bedenken, dass jenes Moment, das als Indoktrination in der Erziehung identifiziert werden könnte, erneut entschwindet. Denn es geht jetzt nicht mehr um Erziehung, sondern eben um Vereinbarung und Aushandeln. Das

---

6 Vgl. u.a. Beck 1986; Sennett 2000; Rifkin 1999.
7 Vgl. v.a. Bröckling et al. 2000, 2004, Liesner 2004, Patzner 2005, Maurer/Weber 2006, Dzierzbicka/Schirlbauer 2006.

heißt: in dem Augenblick, in dem in der gegenwärtigen Erziehung indoktrinierende Elemente ausgemacht werden, verschwinden sie sogleich im Dickicht der semantischen Neufassungen (Vereinbarung, Vertrag, Partnerschaft etc.). Zurück bleiben wir mit gewissem Unbehagen, das sich mit dem Verweis auf Ambivalenz und Paradoxa unserer Praxis einstellt. Auf der kollektiven Ebene scheint die Vereinbarungskultur so ein herrschaftskritisches Programm, auf der individuellen Ebene gleicht sie dagegen einer ‚Überrumpelung'.

3 Pädagogische Einsätze oder von notwendigen Ambivalenzen pädagogischer Doktrinen

Grenzen und Perspektiven der vorgestellten Ambivalenzen, die angesichts von aktuellen Indoktrinationsprozessen feststellbar sind, können unseres Erachtens somit weder negiert noch verschwiegen werden. So zeigt sich, dass – unter der analytischen Perspektive – latente Indoktrination auch dann am Werk sein kann, wenn es um Chancengleichheit und Vereinbarungskultur heutzutage geht: eine latente Indoktrination, die auf ‚Wahrheit' (nämlich: Gleichheit) setzt und als eine effiziente Kombination individueller und kollektiver Zugriffe gelesen werden kann. Die dabei in Erscheinung tretende, identifizierbare Ambivalenz ist unseres Erachtens eine notwendige; und eine, die der Disziplin Pädagogik wohl vertraut ist. Denn die Rolle von Erziehung selbst ist – ist wie Drewek et al. betonen – von je her eine ambivalente: sie erscheint als „Urheber der schönsten Versprechen und zugleich [als] Adressat der schärfsten Kritik" (Drewek et al. 1995: 8).

Wenn es hier abschließend nun um die Möglichkeit pädagogischer Einsätze im Kontext aktueller latenter Indoktrination geht, so lassen sich diese wie folgt provokant formulieren: Schlechtenfalls werden Doktrinen bloß offen gelegt und zum Thema, bestenfalls sollten sie pädagogisch gewendet und genutzt werden. Denn wenn Pädagogik ihrer aufklärerischen und kritischen Tradition gerecht wird, dann kommt sie in gewisser Hinsicht nicht umhin, Erziehungsziele, Erziehungsmittel und Erziehungserfolge (vgl. Brezinka 1976) einer Doktrin zu unterstellen, eben der Gleichheitsdoktrin. In diesem Sinne treten wir in der Zeit der Differenz sehr wohl für eine Gleichheit ein, allerdings im Sinne des aufklärerischen Postulats, das sich gegen jegliche Bevormundung, Herrschaft und Unterdrückung wendete. In wissenschaftskritischen Chiffren und in Anlehnung an Cornelia Klinger formuliert, gilt es heute, nach dem „linguistic" und „cultural turn", im Zeitalter des wettbewerbsfreudigen Selbstunternehmertums, für einen „social (re)turn" (Klinger 2001: 195) zu plädieren. Darunter ist die erneute Hinwendung zur gesellschaftlichen, ethischen und zu politischen Fragen des Subjekts zu verstehen – trotz bzw. wegen der sich verändernden Bedingungen, die auch den Verlust eines kollektiven Wir der gemeinsamen Interessen inkludieren. Darin sehen wir die Chance jener notwendigen Ambivalenzen, die der hier thematisierten Trias Bildungspolitik, Bildungstheorie und Erziehung eingeschrieben sind – gerade zu Zeiten, in denen Indoktrination kein Thema zu sein scheint. Freilich, um Ambivalenzen in Sachen Indoktrination und Erziehung überhaupt zur Sprache bringen zu können, bedarf es einer Pluralität der Lesarten, es bedarf einer kontinuierlichen Konkurrenz der Interpretationen.[8] Das öffentliche Bildungswesen mag der „Schaffung und Erweiterung eines gebildeten Bewußtseins" (Pleines 2000: 5) verpflichtet sein und darüber seine Legitimation beziehen, so ist es zugleich auch Teil einer riesigen Disziplinierungsmaschinerie für das „Reich des Normativen" (Foucault 1995: 393). In diesen – aus einem pädagogischen Bemühen heraus geradezu unerträglichen – Zustand lässt sich nur dann wieder Bewegung bringen, wenn diese Ambivalenz benennbar wird. Bewegungen und Spielräume werden durch plurale Diskurse und Lesarten ermöglicht, die unterschiedliche Perspektiven zur Sprache bringen. So haben wir beispielsweise längst von Michel Foucault gelernt, dass (pädagogische) Institutionen ‚anders' in den Blick kommen können: die Schule als ein weniger düsteres Gefängnis, das Gefängnis als eine mehr oder weniger düstere Universität. Auch andere Institutionen, andere Einschließungen lassen sich auf diese Weise deklinieren. Eine andere Lesart der Institutionen hingegen legt Paul Ricœur vor. Es sind gerade diese Institutionen, in denen der Anspruch auf gesellschaftliche Gleichberechtigung formuliert und damit wohl die Selbstachtung aufs Spiel gesetzt wird. Es sind also gerade diese ein- und ausschließenden Institutionen, die eben auch den Anspruch auf Gleichberechtigung und Selbstachtung vermitteln und zu vermitteln haben (vgl. Ricœur 2006: 267).

In diesem Sinne ist die Ambivalenz pädagogischer Doktrinen eine notwendige und eine auszuweisende, denn latent vorhanden ist sie allemal. Anders formuliert: Ob die Forderung nach Gleichheit und Gleichberechtigung zu Exzellenz oder Autonomie führt, ist auch in einem bildungswissenschaftlichen Kontext eine Frage, die im Zeichen des ‚social turn' steht. Sie ist eine Frage, die im Kontext ethischer und politischer Diskurse positionierend zu entscheiden ist. Sie ist ein Gegenstand von Vereinbarungen und Verhandlungen – ungeachtet dessen, ob uns unsere Verhandlungsposition gefällt oder nicht.

---

8 Letztere – das kann historische Bildungsforschung zeigen - setzt schon ein, bevor die moderne Pädagogik überhaupt gesellschaftlich und theoretisch konstituiert ist (vgl. Drewek et al. 1995: 7f).

Literatur

Beck, Ulrich (1986): Risikogesellschaft. Auf dem Weg in eine andere Moderne. Frankfurt/Main: Suhrkamp.

BMUK (2001) – Bundesministerium für Unterricht und kulturelle Angelegenheiten (Hg.): Vereinbaren statt anordnen. Leitfaden zur Erstellung von Vereinbarungen zwischen den Schulpartnern. Wien: BMUK.

bm:bwk (2003) – Bundesministerium für Bildung, Wissenschaft und Kultur (Hg.): Verhalten vereinbaren: Schulkultur im Dialog. Wien: bm:bwk.

Böhm, Winfried (2000): Wörterbuch der Pädagogik. Stuttgart: Kröner.

Brezinka, Wolfgang (1976[1975]): Erziehungsziele Erziehungsmittel Erziehungserfolg. München Basel: Reinhardt.

Breinbauer, Ines Maria (2000): Braucht die Vernunft Attribute? In: Helmer, Karl et al. (Hg.): Spielräume der Vernunft. Jörg Ruhloff zum 60. Geburtstag. Würzburg: Königshausen & Neumann: 70-93.

Bröckling, Ulrich/Krasmann, Susanne/Lemke, Thomas (Hg.) (2000): Gouvernementalität der Gegenwart. Studien zur Ökonomisierung des Sozialen. Frankfurt a. M.: Suhrkamp.

Bröckling, Ulrich/Krasmann, Susanne/Lemke, Thomas (Hg.) (2003): Glossar der Gegenwart. Frankfurt a. M.: Suhrkamp.

Drewek, Peter/Horn, Klaus-Peter/Kresting, Christa/Tenorth, Heinz-Elmar (1995): Ambivalenzen der Pädagogik. Zur Einleitung in diesen Band. In: diess. (Hg.:) Ambivalenzen der Pädagogik. Zur Bildungsgeschichte der Aufklärung und des 20. Jahrhunderts. Weinheim: Deutscher Studienverlag: 7-10.

Dzierzbicka, Agnieszka/Sattler, Elisabeth (2004): Entlassung in die Autonomie. Spielarten des Selbstmanagements. In: Pongratz, Ludwig A./Wimmer Michael/Nieke Wolfgang/Masschelein Jan (Hg.): Nach Foucault. Diskurs- und machtanalytische Perspektiven der Pädagogik. Wiesbaden: VS Verlag für Sozialwissenschaften: 114-133.

Dzierzbicka, Agnieszka (2006): Vereinbaren statt anordnen. Neoliberale Gouvernementalität macht Schule. Wien: Löcker.

Dzierzbicka, Agnieszka/Schirlbauer, Alfred (Hg.): Pädagogisches Glossar der Gegenwart. Von Autonomie bis Wissensmanagement. Wien: Löcker.

Eagleton, Terry (1997[1996]): Die Illusionen der Postmoderne. Stuttgart-Weimar: Metzler.

Eagleton, Terry (2000[1991]): Ideologie. Eine Einführung. Stuttgart-Weimar: Metzler.

Füssel, Hans-Peter/Kretschmann Rudolf (2005): Verträge im Bildungsbereich – Chancen und Grenzen. In: Recht der Jugend und des Bildungswesens. Zeitschrift für Schule, Berufsbildung und Jugenderziehung. Jahrgang 53, 1/2005: 56-70.

Friebel, Harry/Epskamp, Heinrich/Knobloch, Brigitte/Montag, Stefanie/Toth, Stephan (2000): Bildungsbeteiligung: Chancen und Risiken. Eine Längsschnittstudie über Bildungs- und Weiterbildungskarrieren in der ‚Moderne'. Opladen: Leske und Budrich.

Foucault, Michel (1995 [1975]): Überwachen und Strafen. Frankfurt am Main: Suhrkamp.

Heid, Helmut (1988): Zur Paradoxie der bildungspolitischen Forderung nach Chancegleichheit. In: Zeitschrift für Pädagogik. 34. Jg.: 1-17.

Herbart, Johann Friedrich (1982 [1806]): Allgemeine Pädagogik aus dem Zwecke der Erziehung abgeleitet. In: Asmus, Walter (Hg.): Johann Friedrich Herbart. Pädagogische Grundschriften. Band 2. Stuttgart: Keltt-Cotta.

Kampshoff, Marita/Lumer, Beatrix (Hg.) (2002): Chancengleichheit im Bildungswesen. Opladen: Leske und Budrich.

Klinger, Cornelia (2001): Gleichheit und Differenz. In: Transit. Europäische Revue. Wien: verlag neue kritik. November 2001: 186-207.

Koselleck, Reinhart (1989 [1955]): Kritik und Krise – Eine Studie zur Pathogenese der bürgerlichen Welt. Frankfurt am Main: Suhrkamp.

Liesner, Andrea (2005): Die Bildung einer Ich-AG. Anmerkungen zum Lehren und Lernen im Dienstleistungsunternehmen Universität. In: dies./Sanders, Olaf (Hg.): Bildung der Universität. Transcript, Bielefeld: 43-64.

Masschelein, Jan/Simons, Maarten (2005): Globale Immunität oder Eine kleine Kartographie des europäischen Bildungsraums. Berlin/Zürich: Diaphanes.

Maurer, Susanne/Weber, Susanne (Hg.): Gouvernementalität und Erziehungswissenschaft. Wissen – Macht – Transformation. Wiesbaden: VS Verlag für Sozialwissenschaften.

Menke, Christoph (2000): Spiegelungen der Gleichheit. Politische Philosophie nach Adorno und Derrida. Frankfurt a. M.: Suhrkamp.

Oelkers, Jürgen (2002): Bildungsunternehmer, Staatsschulen und das Problem der Chancengleichheit. http://www.paed.unizh.ch/ap/home/vortraege.html [Stand 15.11.2005]

Patzner, Gerhard (2005): Re/Formulierung des Österreichischen Pflichtschulwesens im Kontext neoliberaler Gouvernementalität. In: Österreichische Zeitschrift Soziologie. 30. Jg. Heft 4. Wien.

Pleines Jürgen-Eckardt (2000): Bildung im Umbruch. Philosophische Texte und Studien. Hildesheim/Zürich/New York: Georg Olmes Verlag.

Prengel, Annedore (1993): Pädagogik der Vielfalt. Verschiedenheit und Gleichberechtigung in interkultureller, feministischer und integrativer Pädagogik. Opladen: Leske und Budrich.

Ricœur, Paul (2006): Wege der Anerkennung. Frankfurt/Main: Suhrkamp.

Rifkin, Jermey (1999). Das Ende der Arbeit und ihre Zukunft. Frankfurt/Main: Fischer Taschenbuchverlag.

Rose, Nikolas (2000): Tod des Sozialen? Eine Neubestimmung der Grenzen des Regierens. In: Bröckling Ulrich/Krasmann, Susanne/Lemke, Thomas (2000) (Hg.): Gouvernementalität der Gegenwart. Studien zur Ökonomisierung des Sozialen. Frankfurt a. M.: Suhrkamp: 72-109.

Röhr, Henning (2002): Stellvertretung – Überlegungen zu ihrer Bedeutung in pädagogischen Kontexten. In: Vierteljahresschrift für wissenschaftliche Pädagogik, Jg. 78, Heft 4, 393-416.

Sattler, Elisabeth (2004): Wissen im Umriss [typos]. Randgängige Bemerkungen zu Topik und Argumentation. In: Dörpinghaus, Andreas; Helmer, Karl (Hg.): Topik und Argumentation. Würzburg: Königshausen & Neumann: 229-246.

Sattler, Elisabeth (2006): Chancengleichheit. In: Dzierzbicka, Agnieszka/Schirlbauer, Alfred: Glossar der Gegenwart. Von Autonomie bis Wissensmanagement. Wien: Löcker, 59-67.

Schirlbauer, Alfred (2005): Bildungslügen. Über pädagogische Illusionen. In: ders.: Die Moralpredigt. Destruktive Beiträge zur Pädagogik und Bildungspolitik. Wien: Sonderzahl: 180-197.

Sennett, Richard (2000 [1998]): Der flexible Mensch. München: Goldmann.

Singer, Mona (2005): Geteilte Wahrheit. Wien: Löcker.

Schulunterrichtsgesetz (2001) mit der Schulgesetznovelle 2001, bearbeitet von Münster, Gerhard. Wien.

Stroß, Annette M. (1994): Erziehung und Indoktrination. Leistung, Begründbarkeit und Stellenwert einer Unterscheidung. In: Horn, Klaus-Peter/Wigger, Lothar (Hg.): Systematiken und Klassifikationen in der Erziehungswissenschaft. Weinheim: Deutscher Studien Verlag: 47-68.

Stroß, Annette (2004): Indoktrination In: Dieter Lenzen (Hg.) unter Mitarbeit von Friedrich Rost: Pädagogische Grundbegriffe 1. Aggression – Interdisziplinarität. Reinbeck bei Hamburg: Rowohlt: 722-726.

Tenorth, Heinz-Elmar (1995): Grenzen der Indoktrination. In: Drewek, Peter/Horn, Klaus-Peter;/Kersting, Christa/Tenorth, Heinz-Elmar (Hg.): Ambivalenzen der Pädagogik. Zur Bildungsgeschichte der Aufklärung und des 20. Jahrhunderts. Weinheim: Deutscher Studienverlag: 335-350.

Indoktrination und Fachunterricht – Begriffsbestimmung anhand eines Exempels

Henning Schluß

> Aber was *vorn* und *hinten, oben* und *unten* ist, was ein wissenswertes Detail ist und was nicht, warum die Frage nach der *Nützlichkeit* der Taube näher liegt als die nach der *Schönheit* – solche Fragen aus einer Schublade, die früher mit dem Etikett *Historizität des natürlichen Lebenshorizontes* und heute mit dem Etikett *social perception* oder *gesellschaftliche Konstruktion der Wirklichkeit* beklebt ist, zeigen, dass hier nicht photographiert, sondern programmiert wird: eine Weltsicht wird beygebracht, nicht von stummer Wirklichkeit abgelesen. Man fragt hinein und nicht heraus. Keine Methode der Welt kann sich der Struktur der Gegenstände anschmiegen. Denn es gibt keine Struktur der Gegenstände – es sei denn durch das Filter einer Welt von Deutung hindurch (Henningsen 1974: 76 bezogen auf die Aufklärungspädagogik Salzmanns).

1 Einleitung

In ihrer Untersuchung des Glaubensunterrichts in Ost- und Westdeutschland stellten Achim Leschinsky und Gerhard Kluchert seinerzeit die These auf, dass das Schulsystem in der DDR darauf abzielte, letztlich alle Schülerinnen und Schüler ideologisch zu indoktrinieren. Die wenigen, vor allem aus christlichen Kreisen kommenden, die sich gegen diese Indoktrination wandten, wären jedoch keineswegs, wie oft fälschlich angenommen, immun gegen jede Indoktrination, sondern sie wären nur wirksamer christlich indoktriniert, was jedoch durch die Gegnerschaft zum indoktrinierenden staatlichen System, nicht aufgefallen sei (vgl. Leschinsky/Kluchert 1998). Es fragte sich schon bei der Veröffentlichung dieser These, inwiefern sie denn auf den demokratischen Rechtsstaat übertragbar ist, oder ob dieser Lehr- und Lernformen entwickelt hat, die prinzipiell indoktrinationsresistent sind – eine Vermutung, die den meisten neueren Indoktrinationstheorien eingeschrieben ist (vgl. Stroß in diesem Band, bes.: 21f.) gegen die sich jedoch starke Argumente vorbringen lassen (vgl. Dzierzbicka/Sattler in diesem Band). Letztlich scheint diese allzu holzschnittartige These, es gäbe kein richtiges Leben im Falschen, doch zu unterkomplex um das Problem der Indoktrination angemessen zu fassen.

Im Folgenden soll deshalb versucht werden, eine weiterführende These zur Indoktrination zu entwickeln. Dazu wird auf einen Thesenkomplex von Heinz-Elmar Tenorth zurückgegriffen werden, der zentral die Widerständigkeit von Fachunterricht gegen indoktrinäre Bemühungen herausarbeitet, mit dem eine kritische Auseinandersetzung erfolgt. Sodann soll eine Gegenthese zu Tenorth formuliert und begründet werden, die besagt, dass Fachunterricht und Indoktrination sich nicht nur nicht ausschließen, sondern Indoktrination dann besonders Erfolg versprechend ist, wenn sie in die Form von Fachunterricht gekleidet wird. Als Kriterien für Fachunterricht werden aktuelle domänenspezifische Kompetenzmodelle herangezogen. Die These soll an einem Beispiel aus einer Videodokumentation einer Unterrichtsstunde aus dem Jahre 1977 explizert und an ihr ein kritisch erweiterter Begriff von Indoktrination erarbeitet werden.

2   Indoktrination und ihre vermeintlichen Grenzen

Weiterführender als das recht grobkörnige Modell von Indoktrination als ausschließlicher Eigenschaft totalitärer Systeme scheinen Überlegungen von Heinz-Elmar Tenorth zu sein, der die Möglichkeit der Indoktrinationsresistenz gerade an einem Beispiel aus einem totalitären System entwickelt (vgl. Tenorth 1995). Um diese Thesen entfalten zu können, definiert er eingangs, wie er Indoktrination verstanden wissen möchte. Es würden zwei Wege diskutiert. Der eine Weg sei der Versuch der Klärung der Legitimität der hinter den Erziehungsbemühungen stehenden Doktrinen. Der andere Weg nehme auf die Praktiken Bezug und will nicht-indoktrinierende von indoktrinierenden Formen der Unterweisung unterscheiden. (vgl. Tenorth 1995: 342). Seine Definition von Indoktrination berücksichtigt deshalb beide Wege: „Indoktrination liegt [...] vor, wenn Doktrinen, also Inhalte von Unterricht, ihre Geltung allein von staatlich-politischer Macht aus gewinnen bzw./und-oder Praktiken dominieren, die den Lernenden die Möglichkeit zu Widerspruch, Zweifel und Kritik gegen die zugemuteten Themen, Inhalte und Verhaltensformen systematisch versperren" (Tenorth 1995: 342, Anm. 11). Tenorth formuliert drei Hypothesen zu den Grenzen von Indoktrination, die für das andauernde Scheitern von Indoktrinationsbemühungen verantwortlich seien.

1. Fach-Unterricht wirke als systematische Barriere für Indoktrination.
2. Die Struktur von Sozialisation in der Moderne erschwert Indoktrination.
3. Lernen ist resistent gegen Erziehung (vgl. a. a. O.: 342 ff.).

Indoktrination kommt so für Tenorth vor allem als zum Scheitern verurteilt zur Sprache. Im Folgenden möchte ich mich mit der ersten Hypothese auseinandersetzen, weil sie einen konkreten Bezug zum Unterricht herstellt, und weil sie die dritte These implizit enthält, indem diese eine Reformulierung der ersten aus Sicht der Rezipienten darstellt. Das Argument lautet, Fachunterricht vermittle eine Eigenlogik, die nicht in Indoktrination aufgehen kann, vielmehr sogar quer zur Indoktrination stehe, weil das, was fachlich gelernt worden ist, immer auch gegen die Richtung der Indoktrinationsabsicht gewendet werden kann. Am Beispiel der autobiographischen Erinnerung von Walter Jens, illustriert Tenorth die Behauptung, Fachunterricht immunisiere gegen Indoktrination (vgl. Jens 1988). Der Aufsatz Tenorths wurde zu einer Zeit geschrieben, als Christoph König in seinem Internationalen Germanistenlexikon noch nicht die zeitweise NSDAP-Mitgliedschaft von Walter Jens enthüllt hatte, was dem Fundament der These nun im Nachhinein allerdings den Anschein leichter Porosität verleihen könnte.

Walter Jens erinnert sich in einem Sammelband Marcel Reich-Ranickis an seinen Lehrer Fritz, der sie gegen jede Indoktrination gefeiht habe. Der Deutsch-Lehrer Fritz habe nämlich die sakrosankten Texte des NS-Regimes mit rein grammatikalischen Mitteln gegen den Strich gelesen und somit ein für alle Mal erledigt. Fritz fragte zum Beispiel bei der Zeile des Horst Wessel-Liedes „Kameraden, die Rotfront und Reaktion erschossen, marschier'n im Geiste in unsern Reihen mit", wer denn hier nun eigentlich wen erschossen habe und er für seinen Teil würde meinen, dass grammatisch doch alles darauf hindeute, dass die NS-Kameraden die Rotfront-Kämpfer erschossen hätten (vgl. Tenorth 1995: 336).

In Parenthese sei angemerkt, dass diese Logik der Argumentation, Fachunterricht verunmögliche Indoktrination, nicht ohne Wirkung geblieben ist. In der Enquete-Kommission des Deutschen Bundestages, die sich u.a. auch mit der Indoktrination in der Schule der DDR befasste, griff ein Referent, Bernd Reiner Fischer, ehemals selbst Lehrer in der DDR, dieses systematische Argument Tenorths mit der Spitze auf, dass der Unterricht in der DDR gar nicht indoktriniert haben kann, nicht einmal wenn er es wollte, zumindest nicht dann, wenn er Fachunterricht war, was er wohl ohne Zweifel war. Somit war das gesamte DDR-Volksbildungswesen mit Margot Honecker an der Spitze auf einen Schlag salviert, weil es ja auch Fachunterricht betrieben habe und somit seine eigenen (unbestrittenen) Indoktrinationsabsichten selbst systematisch verunmöglichte (vgl. Fischer 1996).

Es scheint mir fraglich, ob das von Tenorth gewählte Beispiel überhaupt seine These stützt, denn tatsächlich verfolgt der Lehrer Fritz ja das Ziel, die NS-Ideologie bloßzustellen und wählt dazu das Mittel der Grammatik, das hilft, das Risiko für Leib und Leben eines NS-kritschen Lehrers zu verringern. Die These belegen würde wohl eher ein Beispiel, in dem ein NS-treuer Lehrer Fachunterricht betreibt und damit wider Willen seine eigene Doktrin ad absurdum führt. Ein solches Beispiel führt Tenorth allerdings nicht an.[1] Auch andere Schriftsteller, die in dem Buch von Marcel Reich-Ranicki von ihrer Schulzeit erzählen, berichten nicht von impliziten Immunisierungen per Fachunterricht, wohl aber von expliziten gewagten Äußerungen, die ihre Verfänglichkeit nur dürftig tarnen und von jedem verstanden wurden und mit Achtung und Zustimmung weitergegeben wurden. So berichtet Ernst Jandl, wie ihm ein Mitschüler von einem gewagten Wortspiel eines ehemaligen Lehrers seiner nunmehr geschlossenen konfessionellen Schule erzählte: „Der Abt, in seiner Predigt, hatte ein gefährliches Wortspiel riskiert: ‚Die Stunde der Vergeltung kommt, für jeden *naht sie*.' Der Freund, der uns davon erzählte, und wir, die es von ihm erfuhren, empfanden die gleiche Genugtuung" (Jandl 1996: 130).

Im Folgenden soll die Gegenthese aufgestellt und untersucht werden: Fachunterricht und Indoktrination schließen sich keineswegs aus. Vielmehr ist Indoktrination gerade dann besonders wirksam, wenn sie als Fachunterricht daherkommt. Gerade diese These lässt sich mit dem von Jens überlieferten Beispiel des Lehrers Fritz belegen. Jens selbst sagt zu den Wirkungen des Fachunterrichts von Lehrer Fritz: „Wir waren verdorben ... verdorben durch einen einzigen Mann – jenen Ernst Fritz, der, unser Ordinarius von Sexta bis Quarta, die Saat ausgestreut hatte, die ... bald in bösen Prächten aufgegangen ist" (zitiert nach Tenorth 1995: 335).

3 Was ist Fachunterricht?

Vor der konkreten Betrachtung eines Unterrichtsmitschnitts aus der DDR, die zeigen soll, dass in dieser Stunde zum einen Fachunterricht und zum anderen ein Beispiel gelungener Indoktrination vorliegt,[2] muss die Frage beantwortet werden, was denn eigentlich als Kriterium guten Fachunterrichts gelten soll?

---

[1] Immerhin wäre das aber nicht gänzlich ausgeschlossen. Einer meiner Staatsbürgerkundelehrer in der Berufsschule sagte mir zum Beginn der Lehrausbildung bei der Einstufung zur Laufbahn in der vormilitärischen Ausbildung, dass er ja nun wisse, dass ich den Dienst mit der Waffe verweigern wolle und er freue sich auf interessante Diskussionen in seinem Unterricht, die mich dann doch gewiss zur Einsicht in die Wahrheit des Marxismus-Leninismus bringen würde. Nach nicht langer Zeit erhielt ich in diesem Unterricht ein Redeverbot. Allerdings würde ich in der Rückschau nicht behaupten wollen, dass mich dieser Lehrer, trotz seiner Indoktrinationsabsicht, durch seinen fachlichen Unterricht allererst vor der Indoktrination gefeit hat.

[2] Der Begriff der gelungenen Indoktrination wird hier im Sinne Elena Demkes gebraucht, wenn die Doktrin als Code sicher beherrscht und in unterschiedlichen Kontexten sachgerecht angewandt werden kann und wird (vgl. Demke in diesem Band).

Indoktrination und Fachunterricht – Begriffsbestimmung anhand eines Exempels   65

Diese Frage ließe sich für DDR-Unterricht am Einfachsten mit dem Verweis auf den Lehrplan beantworten, der dort im wortwörtlichen Sinne „Gesetz" war. Allerdings könnte die Einhaltung des DDR-Lehrplanes heute kaum noch als Argument für einen sachgemäßen Fachunterricht gelten. So bietet sich die Möglichkeit an, das juristische Rückwirkungsverbot außer Acht zu lassen und ein aktuelles Konzept von historischer Kompetenz als Maßstab an einen Fachunterricht „Geschichte" anzulegen. In den neuen Lehrplänen von Berlin und Brandenburg wird historische Kompetenz definiert als „Reflektiertes historisches Erzählen" (Senatsverwaltung 2005: 11) was bedeuten würde „sinnbildliche Darstellungen von Geschichte formulieren, analysieren und beurteilen zu können". Diese Kompetenz wird weiter untergliedert in: „Deutungs-, Analyse-, Methoden-, Urteils- und Orientierungskompetenz" (ebd. vgl. darüber hinaus: 11-14).

Im Folgenden ist deshalb die These zu prüfen, dass die folgende Unterrichtsstunde genau diese Kompetenzen anzielt und dennoch indoktriniert.

4 Beispiele aus dem Unterricht

Der vorgestellte Ausschnitt einer Unterrichtsstunde entstammt der Aufzeichnung einer 10. Klasse des Jahres 1977 im DDR-Geschichtsunterricht zum Thema „Sicherung der Staatsgrenze am 13. August 1961". In verschiedenen Forschungsprojekten konnte diese Unterrichtsdokumentation seit Jahren rekonstruiert, erforscht und analysiert werden. Sie entstammt einem einmaligen Fundus von Unterrichtsdokumentationen, der gegenwärtig in einem DFG-Projekt aufbereitet wird (vgl. Schluß 2005a; 2006).

Die beiden vorgestellten Sequenzen wurden gewählt, weil sie je ein Beispiel für eine Unterrichtsdiskussion und für eine quellen-gestützte Informationsphase bieten, die beide für die Frage nach der Möglichkeit von Indoktrination im Fachunterricht aussagekräftig erscheinen.

Kapitel 6. Schülerdiskussion: Anerkennung Deutschlands (Schluß 2005b):
    Carola: „Aber da hab' ich mal noch 'ne Frage."
    Lehrerin: „Bitte!"
    Carola: „Wie ist denn das überhaupt möglich, dann da schon zu sagen, dass das zwei deutsche Staaten sind, also zwei verschiedene Staaten, wenn wir z. B. bei der Olympiade noch unter Deutschland gestartet sind?"
    Lehrerin: „Ja, das waren internationale Vereinbarungen, wo sich also diese These, oder sagen wir mal, diese Realität noch nicht durchgesetzt hatte, die sich aber später durchsetzt. Das erste Mal treten wir z. B. als selbständige Vertretung der DDR 1959 dann auf der Genfer Außenministerkonferenz in Erscheinung. Ja und von da an wird dann die Anerkennung der DDR schrittweise vorangetrieben. Das ist ein

langwieriger Prozess gewesen, die Anerkennung der DDR also voranzutreiben. Und so muss man das also sehen, eingeordnet, schrittweise, ja."

Jörg: „Na ja, und wieso dauert es so lange, bis wir anerkannt werden und die drüben eher?"

Lehrerin: „Ja, das hängt damit zus..., kann man sehr leicht erklären. Möchte es jemand selber erklären? Kann's sich jemand selbst erklären? Womit hängt das zusammen, was meinen Sie?"

Schüler: „Das ist ja hier schon ein Unterschied, von wem sie eher anerkannt werden. Die BRD ist ja jetzt ein kapitalistisches Land und die wird wohl eher von den kapitalistischen Ländern anerkannt als wir."

Lehrerin: „Ist klar. Und wenn Sie sich erinnern, Jörg, an die Geschichte der 9. Klasse, an die junge Sowjetmacht, die hatte ähnliche Probleme. Nicht wahr. Also das ist die Frage des Klassenkampfes, die hier natürlich die erste Rolle spielt und eine Auswirkung des Klassenkampfes. Wir haben also gesagt, Konföderation wäre eine mögliche Lösung gewesen. Beide Staaten also unter einem gemeinsamen Ziel, Erhaltung des Friedens und natürlich unter den Bedingungen, dass die Gesellschaftsordnung in jedem Staat erhalten bleibt, hier auf gleicher Ebene in der Zusammenarbeit."

Kapitel 10. Sommer 1961: Der Frieden ist bedroht (Schluß 2005b):

Lehrerin: „Im Sommer 1961 spitzte sich nun die politische Situation außerordentlich zu und wir wollen beweisen, dass der Frieden tatsächlich bedroht war. Sie hören jetzt eine Aufzeichnung, das heißt einen Ausschnitt aus einer Schallplatte, und dort sind noch einmal für Sie in Erinnerung gebracht, bestimmte Dinge vor 1961, die also sich im Sommer zugetragen haben und die Lage erheblich zuspitzen. Hören Sie bitte hinein, stellen Sie fest: Inwiefern war der Frieden bedroht? Wer bedrohte ihn? Gegen wen war das alles gerichtet?" (Beginn der Schallplatteneinspielung)

2. Sprecher: „Die Feinde der Arbeiterklasse waren in hellem Aufruhr. Mit allen Mitteln versuchten sie, den Staat der Arbeiter und Bauern zu unterminieren." (Pausenzeichen).

Verschiedene Sprecher: „Die Wechselstuben tauschen 1 DM West für 4 M Ost", „eine Westmark für fünf Ostmark", „Heutiger Wechselkurs: 1 DM West für 6 DM Ost."

1. Sprecher: „Währungsschwindel, Menschenhandel, Wirtschaftsschädigung jeder Art. Nicht nur durch solche versteckte Manipulation, sondern durch brutale Methoden des gegen die DDR eröffneten verdeckten Krieges."

Verschiedene Sprecher: „Spionage. Sabotage. Brandstiftung. Mordanschläge."

1. Sprecher: „Der US-Spezialist für den verdeckten Krieg, James Birmingham, plauderte das Rezept aus:"

2. Sprecher: „Wir müssen diejenigen Personen ausfindig machen, die zuverlässige Freunde sind oder es werden könnten, sie überall suchen, wo sie zu finden sind. Selbst in ausgesprochen schmutzigen Kreisen der Unterwelt."

1. Sprecher: „Das Zentrum war jene von den in- und ausländischen Geheimdiensten durchsetzte Stadt Westberlin, deren SPD-Bürgermeister Ernst Reuter der amerikanischen Nachrichtenagentur AP zufolge erklärt hatte:"
2. Sprecher: „Westberlin ist die billigste Atombombe."
1. Sprecher: „Die Stimmen, die wir jetzt hören werden, gehören Leuten, die, wie es scheinen könnte, aus allen Ecken der etablierten Bonner Gesellschaft stammen. Hört man scharf hin, dann ist es ein makaberer Chor von Predigern und Hilfspredigern des deutschen Imperialismus. Mögen sie an der Spitze der CDU/CSU oder der SPD stehen, mögen sie für Landsmannschaften sprechen oder für das angeblich so hohe Haus, das Bonner Parlament."
2. Sprecher: „Konrad Adenauer" Adenauer (Originalton): „Wir sprechen immer, meine Freunde, von der Wiedervereinigung. Sollten wir nicht lieber sagen zur Befreiung des Ostens."
1. Sprecher: „Landsmannschaftssprecher Dr. Eggert" Eggert (Originalton): „Wach auf, du deutsches Volk. Du hast genug geschlafen. Pommern gehört uns. Der Besitzstand von 1937 dauert an."
2. Sprecher: „Der langjährige Bundestagsvizepräsident Richard Jäger" Jäger (Originalton): „Ich bin dagegen, das Grundgesetz und schon gar die Bundesrepublik als provisorisch zu betrachten. Sie sind der Kernstaat der Deutschen, der einmal, hoffentlich in nicht zu ferner Zeit, erweitert werden wird, um das Gebiet der Zone zumindest."
1. Sprecher: „Sie nannten uns Zone und wollten unseren Staat nicht anerkennen, weil, so gestand Jahre später das CDU-Informationsblatt „Berliner Politik", weil die Einmischung in die inneren Angelegenheiten eines selbstständigen Staates laut Charta der Vereinten Nationen verboten ist. Und wie weit sie gehen wollen, sagte derselbe CSU-Politiker Jäger im Bundestag:" Jäger (Originalton): „Sollte es zum großem Kriege kommen, dann werden diese Atomwaffen fallen."
1. und 2. Sprecher: „MC '70, MC '96, Manöver „Gelber Wolf", „Sidestep", „Wallenstein", „DDR-Eroberungsplan Nr. 2", „Atomminenplan", „Atombewaffnung"." (Originaleinblendung Geräusche: „Honest John, Fertig zum Abschuss – Eins ... Feuer!" (Schuss).
Adenauer (Originalton): „Wenn wir diesen wesentlichen zusätzlichen deutschen Beitrag haben, werden wir mit dem Potential aller Waffen unseres NATO-Arsenals dann in der Lage sein, realistisch eine Strategie der vorderen Räume zu planen. Jawohl, mit den Atombomben."
1. Sprecher: „Fertig zum Abschuss! Eins... Feuer!" (Schuss)
2. Sprecher: „Franz-Josef Strauß" Strauß (Originalton): „Es gibt heute für die militärische Vorbereitung nur mehr einen einzigen Fall, das ist der Fall Rot!"
1. Sprecher: „Lübke, ehemaliger KZ-Baumeister, erklärte als Bundespräsident wörtlich:" Lübke (Originalton): „Der Soldat der Bundeswehr kann in die Lage kommen, einmal gegen eigene Landsleute kämpfen zu müssen."

5 Weiterentwicklung der Indoktrinationsdefinition in der Interpretation des Unterrichtsausschnittes

5.1 Die Anwendung des Kompetenzmodells auf den Unterrichtsausschnitt

Sowohl die Diskussion als auch die Schallplatteneinspielung zielt auf die Erringung von *Deutungskompetenz*. Die Schülerinnen und Schüler sollen das Ereignis des Mauerbaus, dem sie zuvor vermutlich wenig Sinn abgewinnen konnten, deuten können, indem sie seine Notwendigkeit verstehen.

Sie zielen freilich auch auf *Analyse-Kompetenz*, denn ohne diese Kompetenz zur Analyse wäre den Berliner Zehntklässlern wohl kaum zu vermitteln, dass die Errichtung der Mauer, die sie von ihren Verwandten in Westberlin trennt und die sie tagtäglich durch elektronische Medien überwinden, ein Akt der Friedenssicherung war. Dazu bedarf es außerordentlicher analytischer Fähigkeiten, wie sie z.B. in der Schallplatte demonstriert und in dem Diskussionsausschnitt von der Lehrerin selbst eingefordert werden. Das Ereignis des Mauerbaus wird nicht als solitär betrachtet, sondern in den historischen Kontext eingebettet und analysiert. Im Laufe der Stunde wird deutlich, dass nicht einmal die Fluchtbewegung, die heute als der Hauptgrund des Mauerbaus verstanden wird, verschwiegen wird. Allerdings wird sie als „Republikflucht" – kriminalisiert und in ihrer Bedeutung für den Mauerbau unterbewertet.

Zur *Urteilskompetenz* ist eine andere Stelle der Unterrichtsdokumentation noch aussagekräftiger, in der die Lehrerin dezidiert ein begründetes selbständiges Urteil zu der Frage einfordert, ob es nun eine Alternative zum Bau der Mauer gegeben habe. So fragt sie am Ende der Stunde: „Sagt mal, hätte es noch eine andere Lösung gegeben, überlegen Sie, eine andere Lösung, anstelle dieser militärischen Sicherung der Grenze auf diese Art, hätte es noch eine andere Lösung gegeben? Aus heutiger Sicht mal, ohne zu spekulieren. Andere Lösung, nicht einfach ja oder nein, genau überlegen!" (Schluß 2005b, Kapitel 14). Hier soll demnach selbständig geurteilt werden. Nicht einmal „Spekulation" reicht der Lehrerin aus, sondern es soll, „genau überlegt" werden.

Von der *Methodenkompetenz* konnte man im Beispiel immerhin sehen, dass eine Vielzahl Medien und Quellen eingesetzt wurden. Die methodische Kompetenz des Historikers, Quellen in ihrem zeitgenössischen Kontext zu verstehen, in ihrem Sitz im Leben, wird in dieser Stunde ganz besonders beansprucht, weil nämlich auch Quellen aus der frühen DDR, die auf Wiedervereinigung oder Konföderation zielen, in dieser Unterrichtsstunde von den Schülern erarbeitet werden. Zugleich entspricht dies jedoch in keiner Weise mehr der 1977 aktuellen politischen Linie, die statt Wiedervereinigung und Konföderation den Mauerbau zu legitimieren sucht. Die Schüler müssen also den interpretativen Balanceakt vollbringen, die damalige Parteilinie in ihrem historischen Kontext als richtig zu erkennen, obgleich sie der zum Zeitpunkt der Aufnahme gültigen Lehre diametral widersprach.

In all diesen Unterrichtsschritten wird „*reflektiertes historisches Erzählen*" als „sinnbildliche Darstellungen von Geschichte formulieren, analysieren und beurteilen können" als Kompetenz auf Seiten der Schülerinnen und Schüler angestrebt, wie es dem aktuellen Kompetenzmodell des Berliner Rahmenlehrplanes Geschichte entspricht. Insofern verdient dieser Unterricht – auch in den Augen aktueller Bildungsdebatten – als Fachunterricht bezeichnet zu werden, als er auf die zentralen domänenspezifischen Kompetenzen eines Faches abzielt.

Trotz der expliziten Fachlichkeit des Unterrichts erfahren heutige Betrachter dieser Unterrichtsdokumentation fast ausnahmslos, vorerst auf der emotionalen Ebene, diesen Ausschnitt als einen Überwältigungsversuch.[3] Um diesen emotionalen Problemanzeiger begrifflich enger fassbar zu machen, soll noch einmal auf das Definitionsproblem von Indoktrination zurückgegangen werden.

5.2 Erweiterung der Begriffs-Definition Indoktrination

Heinz-Elmar Tenorth hatte zwei Wege benannt, über die Indoktrination identifiziert werden könnte. Der eine Weg sei der Versuch der Klärung der Legitimität der hinter den Erziehungsbemühungen stehenden *Doktrinen*. Der andere Weg nehme auf die *Praktiken* Bezug und wolle nicht-indoktrinierende von indoktrinierenden Formen der Unterweisung unterscheiden. (vgl. Tenorth 1995: 342). Seine Definition von Indoktrination berücksichtigte deshalb beide Wege: „Indoktrination liegt [...] vor, wenn Doktrinen, also Inhalte von Unterricht, ihre Geltung allein von staatlich-politischer Macht aus gewinnen bzw./und-oder Praktiken dominieren, die den Lernenden die Möglichkeit zu Widerspruch, Zweifel und Kritik gegen die zugemuteten Themen, Inhalte und Verhaltensformen systematisch versperren" (Tenorth 1995: 342, Anm. 11).

Wird dieser Definitionsvorschlag auf den vorliegenden Unterrichtsausschnitt angewandt, so wird man zum ersten Teil der Definition konstatieren müssen, dass die dem Unterricht zugrunde liegende Doktrin ihre Geltung vor allem staatlich politischer Macht verdankt. Der zweite Teil ist diffiziler. Die gesamte

---

3   Die Unterrichtsdokumentation haben wir im Laufe der Forschungsarbeiten immer wieder öffentlich präsentieren können, sowohl vor wissenschaftlichem Fachpublikum als auch im breiteren Rahmen wie z.B. der „Langen Nacht der Wissenschaften" und dabei immer entsprechende Rückmeldungen bekommen. Interessant ist, dass die damaligen Schülerinnen und Schüler dies bei einer Wiederbegegnung mit der Aufzeichnung ebenso empfanden, sich jedoch gleichwohl an die Lehrerin als eine ausgesprochen aufgeschlossene und kritische Frau erinnerten, mit der man, im Unterschied zu anderen Lehrerinnen, durchaus offen diskutieren konnte.

Unterrichtsstunde verfolgt das explizite Ziel zu klären, ob die „Sicherung der Staatsgrenze ein Akt zur Sicherung des Friedens, oder ein Willkürakt" gewesen sei. Dennoch ist dies keineswegs eine offene Frage, bei der beide Antworten von der Lehrerin als richtig bewertet werden könnten, wenn nur genügend stichhaltige Argumente für sie vorgebracht würden. Schon die Formulierung in diesen zwei Polen deutet darauf hin, dass das eine richtig, das andere dagegen falsch ist. Eine tatsächlich offene Formulierung würde nicht eine solche (Schein-) Alternative konstruieren, sondern beispielsweise nach Gründen, Ursachen und Anlässen für die Schließung der innerberlinischen Grenze suchen. Dies strebt der Unterricht freilich nicht an, sondern das Ziel ist, dass die Schülerinnen und Schüler die Unausweichlichkeit des Mauerbaus begreifen, sie diesen als ein Akt der Friedenssicherung verstehen und zugleich positiv bewerten. Das hiermit implizierte Kriterium geht noch über das von Tenorth genannte zweite hinaus, denn auch im Mathematikunterricht können „Praktiken dominieren, die den Lernenden die Möglichkeit zu Widerspruch, Zweifel und Kritik gegen die zugemuteten Themen, Inhalte und Verhaltensformen systematisch versperren". Über das kleine Einmaleins wird in den allermeisten Schulen bislang nicht diskutiert, es wird gelernt. Dass pädagogische Verhältnisse, auch solche im Unterricht, etwas mit Macht zu tun haben, das weiß die Pädagogik keineswegs erst seit Foucault, sondern, wie Tenorth selbst zeigt, von den Anfängen ihrer Institutionalisierung als Wissenschaft an (vgl. Tenorth 2006). Dennoch oder gerade deshalb, wird gemeinhin der Mathematikunterricht nicht für Indoktrination gehalten. Wohl aber steht z. B. schnell der Religionsunterricht im Verdacht der Indoktrination (vgl. den Beitrag von Joachim Willems in diesem Band). Nicht nur das Dominieren von Praktiken, die den Lernenden die Möglichkeit zu Widerspruch, Zweifel und Kritik gegen die zugemuteten Themen, Inhalte und Verhaltensformen systematisch versperren, scheint deshalb als Kriterium der Indoktrination auszureichen. Vielmehr scheint von Bedeutung zu sein, ob das was gelernt werden soll, der Inhalt, im Bezug auf seine Wissenschaftlichkeit unstrittig oder strittig ist. In dem Fall wo der Inhalt unstrittig ist, wie im Fall der Mathematik (zumindest in ihren Grundlagen) wird kaum jemand Indoktrinationsvorwürfe erheben, auch wenn der Lehrer bestrebt sein wird, den Lernenden die Möglichkeit zu Widerspruch, Zweifel und Kritik gegen die zugemuteten Themen möglichst zu versperren, am wirkungsvollsten sicherlich damit, dass er die Vernünftigkeit seines Unterrichtsgegenstandes unter Beweis stellt. Wenn das allerdings die Geschichtslehrerin im dokumentierten Beispiel tut, so kann dies zumindest unter der Voraussetzung als Indoktrination erkannt werden, dass die wissenschaftliche Strittigkeit der von der Lehrerin als wahr gelehrten Auffassung bekannt ist. Auch sie ist bestrebt den Schülerinnen und Schülern den Unterrichtsstoff, in diesem Fall die Schließung der innerberlinischen Grenze als Akt der Sicherung des Friedens, so nahe zu bringen, dass die Möglichkeit zu Widerspruch, Zweifel und Kritik zwar nie grundsätzlich ausgeschlossen ist, häufig sogar von den Schülern praktiziert wird, jedoch durch die Lehrerin immer in eine Affirmation des als wahr zu erkennenden überführt wird. Die Bestimmung dessen was als Indoktrination anzusehen ist, muss demnach zumindest insofern einen Bezug zum Inhalt haben, als dieser, wenn er in der Fachwissenschaft umstritten ist, das Ziel der Affirmation *einer* der umstrittenen Theorien im Unterricht unweigerlich zur Indoktrination gerät.

Der maßgebliche Konsens im Bereich der politischen Bildung, der nach dem Ort seines Zustandekommens, Beutelsbach, benannt wurde, thematisierte deshalb in seinem zweiten Kriterium diese Problematik, indem er festlegte, das was in der Fachwissenschaft umstritten sei, auch im Unterricht als strittig dargestellt werden müsse (vgl. Schneider 1999).[4]

Allerdings berücksichtigt diese an sich einsichtige Formulierung nicht, dass keinesfalls eindeutig klar ist, was in der Bezugswissenschaft umstritten und was unumstritten ist, weil selbst die sichersten wissenschaftlichen Theorien von anderen Wissenschaftlern bestritten werden. Dabei muss man nicht nur an die Evolutionstheorie denken, wie sie von Darwin begründet und sich seit ihrer Formulierung bis heute gegen eine stattliche Anzahl von Einsprüchen von (vor allem religiös motivierten) Wissenschaftlern zu erwehren hat, sondern kann die These vom „erfundenen Mittelalter" wie sie seit Jahren unerschütterlich Heribert Illich vertreten wird (vgl. Illich 2002, 2003) oder die Kritik und alternative Theorie zur Urknalltheorie, wie sie von einem ihrer Begründer, Stephen W. Hawking, entwickelt wurde, als beredte Beispiel hinzunehmen (vgl. Hawking 1998). Dabei ist es für den hier diskutierten Kontext lediglich erheblich, dass noch die etabliertesten wissenschaftlichen Theorien auf konkurrierende Theorien treffen, die für sich selbst wiederum Wissenschaftlichkeit in Anspruch nehmen.[5] Insofern ist es schon aus pragmatischen Gründen der Unterrichtsgestaltung nicht durchführbar, jede wissenschaftliche Kontroverse im Unterrichtsgeschehen nachzubilden auch wenn dies exemplarisch getan werden kann. Insofern greift die Beschreibung des Beutelsbacher Konsenses ebenso zu kurz, wie die Definition Tenorths. Weiter-

---

4 Das erste Kriterium des Beutelsbacher Konsenses ist das Verbot jeglicher Indoktrination. Allerdings wird nicht näher erläutert, was unter Indoktrination verstanden wird und somit bleibt dieses Verbot äußerst unscharf. Das zweite Kriterium wirkt deshalb in gewisser Weise wie eine Erläuterung des ersten.

5 Dies ist auch als Antwort auf den Einwand von Joachim Willems (in diesem Band: 77f., Anm. 3). zu verstehen, der zu Bedenken gibt, dass Indoktrination dann nicht vorläge, wenn in einer Bezugsgruppe unbezweifelte Einigkeit über die „Wahrheit" besteht. Für solche Auffassungen von Unterricht, die die Wissenschaft zu einer ihrer Bezugsgrößen zählen, kann ein solcher Einwand allerdings nicht überzeugen. Zugegeben sei allerdings, dass in vormodernen Gesellschaften, mit gänzlich homogenem Weltbild – wenn es solche denn je gegeben hat – eine solche Bestimmung von Indoktrination nicht sinnvoll wäre.

führend ist es deshalb, systematisch zu klären, was das „Kontroversitätsgebot" bewirken und sicherstellen soll. Weshalb gilt es als Schutz gegen Indoktrination? Diese Frage führt auf einen erkenntnistheoretischen Zusammenhang, der die Differenz des „Dings an sich selbst" und der Welt unserer Erscheinungen reflektiert. In den erkenntnistheoretischen Status wissenschaftlicher Theoriebildung muss eingeführt werden, damit Schülern bewusst ist, dass wissenschaftliche Erkenntnisse, selbst wenn sie breite Zustimmung finden, nicht die Wirklichkeit abbilden, sondern nach Regeln aufgestellte Konstrukte unseres Verstandes zum modellhaften Verstehen unserer Umwelt sind, die jedoch mit der Umwelt selbst nicht identisch sind (vgl. schon Kant in seiner Transzendentalen Ästhetik 1787/1983: 69-96).[6] In gewisser Weise ist diese Differenz grundlegend für viele weitere Differenzen in den Weltverhältnissen des Menschen und die Wahrnehmung und Reflexion dieses immer auch konflikthaften Ineinanders dieser Weltverhältnisse ist es, die Indoktrination erschweren.[7] Wird diese fundamentale Differenz reflektiert, so verbieten sich Unterrichtsformen, die die Differenz zwischen offenen und geschlossenen Verknüpfungen zwischen deskriptiven und präskriptiven Aussagen nicht berücksichtigen,[8] weil mit einer geschlossenen Verknüpfung beider Aussageformen ein Wahrheitsanspruch verbunden ist, der mit jener fundamentalen Differenz nicht zu vereinbaren ist.

Insofern muss die Tenorthsche Indoktrinationsdefinition mindestens um ein einschränkendes Kriterium erweitert werden, das die anderen soeben genannten implizit enthält. *Indoktrination liegt demnach dann vor, wenn Inhalte von Unterricht ihre Geltung allein von staatlich-politischer Macht aus gewinnen und/oder Praktiken dominieren, die den Lernenden die Möglichkeit zu Widerspruch, Zweifel und Kritik gegen die zugemuteten Themen, Inhalte und Verhaltensformen systematisch versperren und im Unterricht nicht die Differenz zwischen einer nie*

---

6   Ein mögliches Missverständnis muss sich hier ausgeschlossen werden. Es geht nicht darum, eine bestimmte erkenntnistheoretische Position, wie etwas den radikalen Konstruktivismus zu priorisieren. Die hier genannten Kriterien und Differenzen sind auch für Abbildtheoretiker nachvollziehbar, weil auch sie ebenfalls die Differenz zwischen Abbild und „Ding an sich selbst" zur erkenntnistheoretischen Grundlage haben. Differenzen mögen in der Frage bestehen, ob und inwiefern eine approximative Annäherung an das Ding an sich selbst durch eine Verbesserung des Abbildes möglich ist. Dies braucht hier jedoch nicht diskutiert zu werden.

7   Im Rahmen des Projekts „Bildungstheorie und Unterricht" unter Leitung von Dietrich Benner, Karl-Franz Göstemeyer und Horst Sladek wurden neun Kriterien entwickelt, die zu affirmierende Bildungsideale von der Idee reflektierender Bildung zu unterscheiden suchten (vgl. Benner et al. 1998). Diese legte ich für den Bereich der politischen Bildung aus und ergänzte sie um ein zehntes (vgl. Schluß 2003, bes. Kap. 2.2: 42-75, auch; Schluß 2001 und 2002). Das 8. dieser Kriterien lautet: „Frage nach dem Anspruch der unvermittelt vorausgesetzten Wirklichkeit versus Identität von Unmittelbarkeit und Vermittlung" und reflektiert auf die hier thematisierte Unterscheidung.

8   So lautet das 2. Kriterium zur Unterscheidung von affirmativen von reflexiven Lernzielnormierungen (vgl. ebd.)

vollständig erreichbaren Wirklichkeit (Ding an sich selbst) und von Menschen konstruierten Theorien zu deren modellhaften Beschreibung in allen Verhältnissen von Menschen untereinander und Menschen zur Welt deutlich gemacht wird.
Letzteres kann z. B. dadurch geschehen, dass Lehrpersonen beispielhaft alternative Theorieansätze vorstellen, die den gleichen thematisierten Sachverhalt in einem anderen Licht erscheinen lassen (das ist der eigentliche Sinn des Kontroversitätsgebotes) oder aber, zumindest in den oberen Klassenstufen, das erkenntnistheoretische Problem bei der Beschreibung von „Wirklichkeit" explizit thematisieren. Ein solches Bewusstsein kann schon im anfänglichen Geschichtsunterricht grundgelegt werden, wenn dort die Neandertaler-Funde unterschiedlich interpretiert werden oder deutlich gemacht wird, dass wir aus den auffindbaren Artefakten unsere Vorgeschichte rekonstruieren, und dabei die konstruktive Leistung eine entscheidende Rolle spielt, weil die Interpretation der Bedeutung der Artefakte immer in der jeweiligen Gegenwart stattfindet und insofern auch sich diese Gegenwart in der untersuchten Vergangenheit wieder finden wird (vgl. Gadamer 1990).[9]

5.3 Differenz von Indoktrination und Indoktrinationsabsicht

Bezogen auf den vorliegenden Unterrichtsausschnitt wird deutlich, dass alle drei hier genannten Kriterien von Indoktrination erfüllt sind. Freilich könnte noch immer eingewendet werden, dass gar nicht klar sei, ob die in diesem Fachunterricht versuchte Indoktrination auch erfolgreich gewesen war. Immerhin wird hier eine Generation im Unterricht gezeigt, die später maßgeblich die „Wende" in der DDR mit provoziert hat. Dazu ist mindestens dreierlei zu entgegnen.

Vorweg sei jedoch daran erinnert, dass Tenorths These nicht nur besagte, dass Indoktrinationsversuche am Ende doch wirkungslos seien, sondern sie war viel stärker formuliert, indem sie behauptete, Fachunterricht trage durch seine Fachlichkeit zur Immunisierung gegen Indoktrination bei. Dies widerlegen die zitierten Interaktionen der Unterrichtssequenz jedoch eindrücklich.

Bezogen auf die Wirksamkeit der Indoktrinationsversuche sollte nicht vergessen werden, dass die Schule ein eigener sozialer Raum ist. Freilich hat die Behauptung einiges für sich, dass wir in der Schule nicht für die Schule, sondern fürs Leben lernen, dennoch aber sind Schule und Leben keineswegs identisch. Vielmehr ließe sich so etwas wie eine Schul- oder besser Unterrichtswahrheit postulieren, die sich von der Wahrheit der Rias-Hitparade, die auf dem Pausen-

---

9 Gegen die Position einer Methode der Kontextanalyse, die alle Einträge aus der Gegenwart eliminiere und so auf „reine" Vergangenheit stoße (vgl. Langewand 1999), hat überzeugend Bellmann 2004 argumentiert (vgl. auch Bellmann/Ehrenspeck 2006)..

hof Thema war, unterscheidet und die dennoch nicht mit einem absichtlichen Täuschen identisch ist.[10] Theodor Litt hat seinerzeit ein wissenschaftliches Weltverhältnis von einem Weltverhältnis alltäglichen Umgangs unterschieden (vgl. Litt 1955/1957: 122ff. und 129ff.). So ähnlich ließe sich auch von einem Weltverhältnis des Unterrichts im Unterschied zum Pausenhof reden. Beide sind keineswegs deckungsgleich. Werden diese unterschiedlichen Weltverhältnisse berücksichtigt, kommt man der Situation des DDR-Schülers viel näher als mit der Behauptung, diese hätten im Unterricht bewusst immer den Lehrern nach dem Munde geredet, obgleich sie in „Wirklichkeit" ganz anders dachten. Hier geht es demnach nicht um eine kalkulierte Spaltung der Persönlichkeit, sondern eher um die Möglichkeiten des modernen Individuums sich in verschiedenen konkurrierenden und sich z. T. widersprechenden Rollenanforderungen nahezu gleichzeitig zurechtfinden zu müssen.[11]

Zum zweiten hat die Revolution in der DDR zu einem Zeitpunkt stattgefunden, als die Zehntklässler des dokumentierten Unterrichtsausschnitts von 1977 beachtliche nachschulische Lebenswege hinter sich hatten. Selbst wenn in der Schule fürs Leben gelernt wird, so wird doch nicht ausschließlich in der Schule oder gar im Unterricht gelernt, sondern auch oder sogar vor allem im Leben. In den Interviews mit den ehemaligen Schülern wird deutlich, dass diese das Leben in der DDR einiges gelehrt hat. Hier kommen Lebensgeschichten zum Vorschein, in denen nicht selten die Stasi ihre Hand im Spiel hatte, Berufswünsche verhindert wurden, Familien am DDR-System zerbrachen. Das gilt keineswegs nur für die üblichen Verdächtigen, die wenigen Christen in der Klasse, sondern gerade auch für die, die sich anfänglich idealistisch mit der DDR identifizierten.

Ein dritter Aspekt kommt hinzu. Die Lehrerin geht in dieser Stunde keiner Diskussion aus dem Weg. Sie bearbeitet alle Fragen, die die Schüler stellen. Die indoktrinierenden Lehrer in Tenorths Quelle – Walter Jens – sind alle verhasst. Im Gegensatz dazu ist diese Lehrerin bei allen Schülern bis heute außerordentlich beliebt, u. a. weil man bei ihr diskutieren konnte und sie „kritisch" war, so das übereinstimmende Urteil von Kollegen und Schülern. Dies lässt immerhin den Schluß zu, dass das was wir als „kritisch" werten, auch von unserem aktuellen Verstehenshintergrund abhängt. So drängt sich die Frage auf, wie der Unterricht bei den Lehrern ausgesehen hat, die nicht als „kritisch" galten?

---

10 Dies in kritischer Abgrenzung zu den Überlegungen von Roland Reichenbach, der den Terminus des „Täuschens" für solche unterrichtlichen Interaktionen gebraucht (vgl. Reichenbach 2007). Angemessener ließe sich das Phänomen wohl eher im Modell alter Rollentheorien wie von Parsons (1951), Merton (1949) oder Dahrendorf (1958) beschreiben.

11 Dies ist ganz Parallel zur These von Elena Demke argumentiert, die sprachtheoretisch begründet zeigen kann, dass die Beherrschung eines Codes ambivalent und situationsangemessen entweder ernsthaft oder ironisch eingesetzt werden kann (vgl. hierzu den Beitrag von Elena Demke in diesem Band).

Darum sei die Eingangsthese hier wiederholt: Zumindest für diese Welt des Unterrichts hat die Vermittlung von historischen Kompetenzen und die Indoktrination funktioniert. Sie hat vor allem deshalb funktioniert, weil es Fachunterricht war. Indoktrination kann nur vermieden werden, wenn der Fachunterricht folgender dreier Kriterien verpflichtet ist, wobei das dritte Kriterium das entscheidende ist, denn die ersten beiden für sich genommen können auf viele auch naturwissenschaftliche Unterrichte zutreffen, ohne dass diese deshalb als Indoktrination bezeichnet würden:

1. wenn Inhalte von Unterricht ihre Geltung nicht allein von staatlich-politischer Macht aus gewinnen
2. und/oder Praktiken dominieren, die den Lernenden die Möglichkeit zu Widerspruch, Zweifel und Kritik gegen die zugemuteten Themen, Inhalte und Verhaltensformen systematisch versperren
3. und im Unterricht nicht die Differenz zwischen einer nie vollständig abbildbaren Wirklichkeit und von Menschen konstruierten Theorien zu ihrer modellhaften Beschreibung deutlich gemacht wird.

Weshalb der beispielhaft gezeigte Unterricht nach der präzisierten Definition auf Indoktrination zielen mußte, auch wenn er noch sorgsam fachdidaktisch vorbereitet und durchgeführt wurde, wird im Interview mit dem damals verantwortlichen Fachmethodiker, Prof. Dr. Florian Osburg von der Berliner Humboldt-Universität deutlich.

HS: „Wie ist denn ihre Sicht als Methodiker dazu, wenn man so ein Tafelbild vorher schon erarbeitet hat, ist man ja relativ festgelegt mit den Ergebnissen der Stunde."
FO: „Na ja wissen sie, das sind natürlich alles Dinge, die vor der Unterrichtsführung in einer DDR-Schule natürlich alle eine große Rolle spielten oder doch eine andere Rolle spielten als heute, dass die Dinge fixiert waren, dass man genau wusste, wo man hinwollte, und ich muss sagen, wenn ich mir heute die Frage stelle, ob ich Studenten ideologisch bevormundet, drangsaliert habe – ich glaube es nicht gemacht zu haben, kann mich nicht an eine einzige Situation erinnern, wo ich mich so aus heutiger Sicht genieren müsste. Aber davon war ich auch nicht frei, zu denken, wir wissen – ich meine jetzt mal „wir" als Gesellschaft – wir wissen genau, wo es hingeht und was richtig ist, und das muss jeder einsehen können, und da muss man mit ihm solange diskutieren; jeder Vernünftige muss das, muss das verstehen können. Weiß nicht, ob sie das vielleicht aus der Schule auch noch in Erinnerung haben? Und das ist natürlich, na das kann ich heute nicht mehr ... das kann ich nicht als richtig finden, nicht? Zu glauben eben, man weiß, wo es langgeht und wie die Welt beschaffen ist und wie die Welt zu verändern ist, und das muss jeder nun auch so nachvollziehen und ich glaube das insofern wir eben vom grundsätzlichen didaktischen Herangehen, da auch keine Schwierigkeiten hatten, hab ich auch im Vorwort

so dargelegt, da zu den „Tafelbildern", die da von mir erschienen sind, zu DDR-Zeit, dass man das vorbereiten kann, und da eben der Raum, dass die Schüler groß ausbrechen konnten, oder etwas anders dann drehen konnten, der war eigentlich, ja, nur sehr begrenzt vorgesehen, nicht?" (Osburg, 2005).

Osburg behauptet, nie Studierende „ideologisch bevormundet, drangsaliert zu haben". Auch wenn er das Wort nicht gebraucht ist es wohl zulässig, dies so zu übersetzen, dass er nie versucht habe, zu indoktrinieren. Dennoch aber kritisiert er eine Methode, die er selbst praktiziert habe und die man als Initiation in die eine feststehende Wahrheit bezeichnen könnte. Symbol dafür ist das Tafelbild, das als Ergebnissicherung der Stunde schon von vornherein wortwörtlich feststeht. Die Lehrerin muss dieses Tafelbild ausfüllen und nimmt dafür beinahe beliebige Äußerungen der Schüler, die freilich alle ideologisch nicht aus dem Rahmen fallen. Spannend ist diese Diskrepanz, aus der heute von Osburg gewonnen Überzeugung, dieses Zurichten auf die Wahrheit als nicht richtig erkannt zu haben, und der gleichzeitig geäußerten Überzeugung, nicht indoktriniert zu haben. Beides lässt sich jedoch nicht miteinander vereinbaren, denn eben dieses Vermitteln der *einen* Wahrheit ist gleichbedeutend mit ideologischer Bevormundung und Drangsalierung. Zu Hilfe ist Osburg wohl der Effekt gekommen, der sich auch in der dokumentierten Unterrichtsstunde beobachten lässt, der eigene Wirklichkeitsraum der universitären Lehre machte auch den Studierenden das Ausbrechen aus dem offiziellen Argumentationskonzept weder einfach, noch wäre dies angeraten gewesen. Wo jedoch niemand gegen die Vermittlung der Wahrheit aufbegehrt, da mag es auch sein, dass die Lehrenden subjektiv kein Gefühl des Drangsalierens und ideologisch Bevormundens empfinden. Hinzu kommt, dass Schwierigkeiten, die Studierende mit ideologiebehafteten Studieninhalten hatten, als fachliche Schwierigkeiten interpretiert wurden und auch interpretiert werden konnten, da die emotionale Bewertung mit zum Lehrstoff selbst gehörte, wie die dokumentierte Unterrichtsstunde eindrücklich beweist.[12]

Für Überlegungen zur gegenwärtigen Bedeutung von Indoktrination in unterrichtlichen Lehr-Lern-Prozessen ist die hier analysierte Unterrichtsstunde deshalb von Bedeutung, weil sie zeigt, dass Kriterien eines fachlich guten Unter-

---

12 Diese folgt in diesem Ineinander von emotionalen und kognitiven Unterrichtszielen sehr genau dem verbindlichen Lehrplan, der für die entsprechende Stoffeinheit unter anderem vorschreibt: „In der intensiven Auseinandersetzung mit den historischen Prozessen und den Klassenkämpfen dieser Jahre sollen tiefere Einsichten gewonnen und starke emotionale Wirkungen erzielt werden, insbesondere – Stolz auf unsere unter Führung der Arbeiterklasse und der SED geschaffenen sozialistischen Errungenschaften sowie der Wille, mit Herz und Verstand für das sozialistische Vaterland einzutreten, es allseitig zu stärken und jederzeit zu schützen und zu verteidigen; [...] – Haß und Unduldsamkeit gegenüber den imperialistischen Feinden des Friedens, der Demokratie und des Sozialismus ..." (Ministerium für Volksbildung 1972: 39, auch enthalten auf Schluß 2005b).

richts, wie sie in den Kompetenzbegriffen der historischen Bildung formuliert sind, nicht ausreichen, um eine Indoktrination, die sich auf Wahrheitsvermittlung beruft, balancieren zu können. Vielmehr bedarf es der sorgfältigen Formulierung weiterer Kriterien um indoktrinäre Tendenzen immer wieder erkennen und ihnen begegnen zu können.

Literatur

Bellmann, Johannes (2004): Kontextanalyse versus Applikationshermeneutik. Reflexionsprobleme pädagogischer Historiographie. In: Vierteljahrsschrift für die wissenschaftliche Pädagogik, Jg. 80, H. 2/3: 182-195.
Benner, Dietrich/Fischer, Gundel/Gatzemann, Thomas/Göstemeyer, Karl-Franz/Sladek, Horst (1998): Von der Unvereinbarkeit von Bildungsidee und Bildungsideal. In: Pädagogische Rundschau, Jg. 52: 303-322.
Benner, Dietrich/Wetzel (Bidaut), Jana (1998): „Ästhetische Darstellung der Welt". Pädagogische Anmerkungen zu Günter de Bruyns autobiographischen Arbeiten. In: Jank, B./Vogt, J. (Hrsg.): Ästhetische Erfahrung und ästhetisches Lernen. Schriftenreihe des Fb Erziehungswissenschaft der Universität Hamburg, Bd. 13. Hamburg: 1-16.
Berlin/Brandenburg (2005): Kerncurriculum für die Qualifikationsphase der gymnasialen Oberstufe, Anhörungsfassung: 7ff.
Dahrendorf, Ralf (^{3}1961): Homo Sociologicus. Köln und Opladen: Westdeutscher Verlag.
Fischer, Bernd-Reiner (1996): Protokoll der 12. Sitzung der Enquete Kommission „Überwindung der Folgen der SED-Diktatur im Prozess der deutschen Einheit" am Montag, dem 22.4., Protokoll Nr. 12: 96-103.
Gadamer, Hans-Georg (1990): Hermeneutik I Wahrheit und Methode – Grundzüge einer philosophischen Hermeneutik. Tübingen: Mohr-Verlag.
Gatzemann, Thomas (2003): Das Projekt der ideologisch-verwissenschaftlichten Menschenbildung. Berlin/Frankfurt M.: Peter Lang-Verlag.
Henningsen, Jürgen (1974): Erfolgreich manipulieren. Methoden des Beybringens. Kastellaun: Aloys Henn Verlag.
Illich, Heribert (2002): Das erfundene Mittelalter. Berlin: Ullstein.
Illich, Heribert (2003): Wer hat an der Uhr gedreht? Wie 300 Jahre Mittelalter erfunden wurden. Berlin: Ullstein.
Jandl, Ernst (1997): Die Prophezeiung des Tischlers. In: Reich-Ranicki, M. (Hrsg.): Meine Schulzeit im dritten Reich. Erinnerungen deutscher Schriftsteller. München: dtv.: 126-133.
Jens, Walter (1982/1988): Mein Lehrer Fritz. In: Reich-Ranicki, M. (Hrsg.): Meine Schulzeit im dritten Reich. Erinnerungen deutscher Schriftsteller. Köln: Kiepenheuer & Witsch: 105-114.
Kant (1787/1983): Immanuel: Kritik der reinen Vernunft (erster Teil). Darmstadt: Wissenschaftliche Buchgesellschaft.
König, Christoph (Hrsg.) (2003): Internationales Germanistenlexikon 1800 – 1950, 3 Bd., Berlin: Walter de Gruyter Verlag.

Langewand, Alfred (1999): Kontextanalyse als Methode der pädagogischen Geschichtsschreibung. In: Zeitschrift für Pädagogik, Jg. 45, H. 4: 505-519.
Leschinsky, Achim/Kluchert, Gerhard (1998): Glaubensunterricht in der Säkularität. In: Kluchert, Gerhard: Christenlehre und Religionsunterricht. Interpretationen zu ihrer Entwicklung 1945 – 1990. Weinheim: Deutscher Studienverlag: 1-113.
Litt, Theodor (1955/⁷1959): Das Bildungsideal der deutschen Klassik und die moderne Arbeitswelt. Bonn: Bundeszentrale für Heimatdienst.
Merton, Robert K. (1949): Social Theory and Social Structure. New York: The Free Press.
Ministerium für Volksbildung (1972): Lehrplan Geschichte Kl. 10. Berlin: Volk & Wissen.
Osburg, Florian (2005): Interview zur Unterrichtsstunde „Sicherung der Staatsgrenze". In: Schluß, Henning: Der Mauerbau im DDR-Unterricht. Didaktische DVD, Grünwald: FWU, Nr.: 46 02332.
Parsons, Talcott (1951): The Social System. New York: The Free Press.
Reichenbach, Roland (2007): Führen und sich führen lassen. Zur Qualität schulischer Austauschprozesse. In: Dietrich Benner (Hrsg.): Bildungsstandards. Instrumente zur Qualitätssicherung im Bildungswesen. Paderborn: Schöningh (in Vorbereitung).
Senatsverwaltung für Bildung, Jugend und Sport (2005): Curriculare Vorgaben für die gymnasiale Oberstufe im Fach Geschichte. Berlin (siehe auch: http://www.senbjs.berlin.de/schule/rahmenplaene/curriculare_vorgaben/cv_geschichte.pdf).
Schluß, Henning (2001): Intentionen und Legitimationsstrategien staatsbürgerlicher Erziehung und politischer Bildung. In: Zeitschrift für Pädagogik, Jg. 47, H. 6: 869-879.
Schluß, Henning (2002): Bildungstheoretische Kriterien der Lehrplananalyse – Ein Diskussionsangebot an die Politikdidaktik. In: SOWI-onlinejournal H. 1 (http://www.sowi-online.de/journal/2002-1/lehrplananalyse_schluss.htm)
Schluß, Henning (2003): Lehrplanentwicklung in den neuen Ländern. Nachholende Modernisierung oder reflexive Transformation? Schwalbach: Wochenschauverlag.
Schluß, Henning (2005a): Der Mauerbau im DDR-Unterricht. Didaktische DVD, Grünwald: FWU, Nr.: 46 02332.
Schluß, Henning (2005b): Transkription der Unterrichtsstunde. In: Der Mauerbau im DDR-Unterricht. Didaktische DVD, Grünwald: FWU. Nr.: 46 02332.
Schluß, Henning (2006): Unterrichtsaufzeichnung in der DDR – Programm der Hebung eines Schatzes der Unterrichtsforschung. In: MedienPädagogik, ISSN 1424-3636, 3.3.: 1-16, www.medienpaed.com/06-1/schluss1.pdf.
Schneider, Herbert (1999): Der Beutelsbacher Konsens. In: Wolfgang W. Mickel (Hrsg.) Handbuch zur politischen Bildung. Bonn: BpB: 171-178.
Spieker, Ben/Straughan Roger (Eds.) (1991): Freedom and Indoctrination in Education. International perspectives. London: Casell.
Stroß, Annette M. (1994): Erziehung und Indoktrination. In: Horn, Klaus-Peter/Wigger, Lothar (Hrsg.): Systematiken und Klassifikationen in der Erziehungswissenschaft. Weinheim: Beltz-Verlag: 47-68.
Tenorth, Heinz-Elmar (1995): Grenzen der Indoktrination. In: Ambivalenzen der Pädagogik – Zur Bildungsgeschichte der Aufklärung und des 20. Jh. (Hrsg.:) Peter Drewek et al. Weinheim: Beltz-Verlag: 335-350.
Tenorth, Heinz-Elmar (2006): Macht und Regierung – oder die asymmetrische Ordnung der Bildung. In: Zeitschrift für Pädagogik, Jg. 52, H. 1: 36-42.

Indoktrination aus evangelisch-religionspädagogischer Sicht

Joachim Willems

Wenn es um Indoktrination geht, darf eine religionspädagogische Perspektive kaum fehlen, denn wenige andere Schulfächer stehen derart unter dem Verdacht zu indoktrinieren, wie der Religionsunterricht. Das gilt noch immer, obwohl in den letzten zwanzig Jahren zumindest im Westen die Zahl der scharfen atheistischen Angriffe auf Kirche, Religion und auch Religionsunterricht deutlich abgenommen hat.[1] Vermutlich hängt dies damit zusammen, dass ein weltanschaulich profilierter Atheismus genauso gesellschaftlich im Abwind ist, wie konfessionell profilierte Religiositäten, während Formen weltanschaulicher Unbestimmtheit, Indifferenz und Bricolage an Bedeutung gewinnen.

Nichtsdestotrotz sind auch heute Kritiken am Religionsunterricht zu hören, die mal explizit, mal implizit den Vorwurf der Indoktrination zum Schwingen bringen. Dies gilt z.B. für die momentane Diskussion in Berlin um ein neues werte-thematisierendes Pflichtfach für alle Schülerinnen und Schüler. So gibt der SPIEGEL die Meinung der Berliner SPD-Abgeordneten Carola Freundl wieder, sie wolle

> den Katholiken ‚nicht absprechen, dass sie auch Werte haben (...). Aber das sind nicht die Werte, die ich mit Schülern diskutiert haben will.' Für gelebten Glauben und Indoktrination sei an Schulen kein Platz (Heinemann 2005).

Von kirchlicher und kirchennaher Seite wiederum wird dabei, ebenfalls meist implizit, der Gegenvorwurf erhoben: Nicht der Religionsunterricht, sondern der geplante verpflichtende Ethikunterricht sei ein Übergriff, da er das staatliche

---

1 Umso erstaunlicher ist die Tatsache, dass es in der deutschen Religionspädagogik „keine explizite Indoktrinationsdiskussion und -forschung unter diesem Terminus" gibt. (Nipkow 2005: 82). Vielmehr gelte: „Die evangelische und katholische Religionspädagogik ist (...) an dem Problem vorbeigegangen. Das neueste zweibändige *Lexikon der Religionspädagogik* von Norbert Mette und Folkert Rickers (2001) und das *Neue Handbuch religionspädagogischer Grundbegriffe* (hg. von Gottfried Bitter, Rudolf Englert, Gabriele Miller und Karl Ernst Nipkow, 2002) enthalten keine eigenen Artikel zum Begriff" (ebd.: 83).

Neutralitätsgebot verletze. In diesem Sinne erklärte Konsistorialpräsident Ulrich Seelemann:

> Eine religiöse Wertevermittlung allein durch den Staat ist schon heute nicht mit dem Grundgesetz vereinbar. Die PDS zeigt mit ihrem Vorschlag, wie wenig sie von der weltanschaulichen Neutralität des Staates hält. Wenn die PDS mit der Einführung des Faches die Relativierung der Herkunftsreligion verbindet, ist das ein massiver Eingriff in die Religionsfreiheit. Nun soll allein der Staat durch Rahmenpläne und Lehrkräfte entscheiden können, wie die verschiedenen Religionen zu bewerten sind. Danach maßt er sich ein ihm nicht zustehendes Monopol in der Werteerziehung an (EKBO 2005).

Dass Religionsunterricht im besonderen Maße als indoktrinationsanfällig gilt, hat meines Erachtens verschiedene Gründe, die ich im Folgenden in einem ersten Teil darstellen will, um dabei zu klären, was Indoktrination im Religionsunterricht sein könnte.[2] In einem zweiten Teil sollen zwei Schlaglichter auf die religionspädagogische Diskussion der letzten Jahrzehnte geworfen und an exemplarischen Ansätzen gezeigt werden, wie zumindest implizit die Gefahr von Indoktrination reflektiert wurde bzw. wird. In den abschließenden Teilen 3 und 4 möchte ich in Thesen zusammenfassen, worin das indoktrinationskritische Potential religionspädagogischer Ansätze liegt und welche Anforderungen an einen nichtindoktrinären Religionsunterricht zu stellen sind.

1 Warum gilt Religionsunterricht zu Recht als indoktrinationsanfällig?

Es ist ein Spezifikum des Religionsunterrichts, dass es ihm nicht nur um die Vermittlung von Wissen und Kenntnissen geht, sondern in besonderer Weise auch und zentral um Werte, Haltungen und Einstellungen. Damit gerät Religionsunterricht leicht in die paradoxe Situation, dass gesellschaftlich gleichzeitig Erwartungen an den Unterricht gestellt werden, die letztlich in Widerspruch zueinander stehen: Einerseits erwarten Teile der Öffentlichkeit, dass Religionsunterricht in einer Zeit angeblichen Werteverfalls Werte vermittelt, andererseits kann, wie das Beispiel der Berliner Diskussionen um Werteerziehung zeigt, jeder

---

2 Auf einen anderen Versuch, Indoktrination im Religionsunterricht theoretisch zu fassen um dann zu prüfen, ob heutiger evangelischer Religionsunterricht in Deutschland indoktrinär ist, sei hier kurz hingewiesen: Karl Ernst Nipkow unterscheidet mit E. J. Thiessen die Ebenen der Unterrichtsinhalte, der Unterrichtsmethoden, der Absichten und Ziele, der Wirkungen sowie der institutionell-strukturellen Einflüsse (Nipkow 2005: 100-103) und kommt zu dem Schluss: „Erst wenn auf allen behandelten Ebenen gleichzeitig versucht wird, einen religiösen systematischen Einfluss ohne ‚Gedankenfreiheit' (Friedrich Schiller, Don Carlos) durchzusetzen, wird die Grenze zur Indoktrination überschritten" (ebd.: 103).

Form von Wertebildung unterstellt werden, das Neutralitätsgebot zu verletzen und damit indoktrinär zu werden. Somit ist der wertebildende Charakter von Religionsunterricht ein erster Grund dafür, dass er in den Verdacht kommt zu indoktrinieren.

Allerdings würde auch ein Religionsunterricht, der sich auf die Vermittlung von Kenntnissen konzentrieren würde, seinen Kritikern vermutlich suspekt bleiben. Strittig ist nämlich nicht nur, welche Werte in unserer Gesellschaft Geltung beanspruchen können und wie diese Werte legitimiert werden, strittig ist auch das Wissen im Blick auf religiöse Fragen, genauer: welches Wissen den Anspruch auf Richtigkeit oder auch nur Relevanz erheben darf. Besteht innerhalb einer Gesellschaft oder Kultur hierüber Einigkeit, so sind Indoktrinationsverdächtigungen unwahrscheinlich, sofern die Zielstellungen des Unterrichtes mit denen der Gesellschaft übereinstimmen. Wenn beispielsweise Schülern und Schülerinnen im Rechenunterricht die Grundrechenarten und die damit in Rechenoperationen ermittelten Ergebnisse als ‚richtig' vermittelt werden, wäre es unwahrscheinlich, dass jemand von Indoktrination spräche. Ebenso unwahrscheinlich wäre es, dass es aus einer Binnenperspektive als Indoktrination begriffen würde, wenn eine Gruppe, die in ihrer Gesamtheit von der Existenz eines bestimmten Gottes überzeugt ist und die keine alternativen Ansichten kennt, dieses Wissen an die junge Generation weitergibt. Erst in dem Moment, wo, um bei diesem Beispiel zu bleiben, andere religiöse oder philosophische, agnostische oder atheistische Vorstellungen in dieser Gruppe Relevanz erlangen, wird es überhaupt sinnvoll, von Indoktrination zu sprechen. Eine Indoktrination läge in diesem Falle vor, wenn das nunmehr umstrittene Wissen weiterhin als fraglos gültig gelehrt würde und/oder Informationen über die alternativen Sichtweisen vorenthalten würden.[3]

---

3   Mir scheint es an dieser Stelle weiterführend, mit Henning Schluß Indoktrination dort zu vermuten, wo die Differenz zwischen Erscheinung und ‚Ding an sich' nicht gebührend berücksichtigt wird und die Schülerinnen und Schüler nicht in „den erkenntnistheoretischen Status wissenschaftlicher Theoriebildung" eingeführt werden (vgl. Schluß in diesem Band). Folgt man diesem Verständnis, so kann Indoktrination durchaus auch dort vermutet werden, wo Anschauungen innerhalb einer Gruppe als alternativlos angesehen werden – in der Konsequenz also selbst im Rechenunterricht deutscher Grundschulen. Allerdings ist meines Erachtens an dieser Stelle zweierlei zu beachten: Erstens kann und soll das Ziel, die Schülerinnen und Schüler in „den erkenntnistheoretischen Status wissenschaftlicher Theoriebildung" einzuführen, zwar angestrebt werden, in der unterrichtlichen Praxis der meisten Schul- und Jahrgangsstufen allerdings wird es eher darum gehen (müssen), propädeutisch die Grundlagen zu legen, um ‚später' erkenntnistheoretische Fragestellungen zu behandeln. Realistisch betrachtet wird dieses ‚später' in vielen Fächern (z.B. Mathematik) von den meisten Schülern nie erreicht werden. Zweitens lässt sich argumentieren, dass eine Sichtweise, die in der dargestellten Weise von einer Differenz zwischen der Realität selbst und den von Menschen konstruierten Theorien über diese ausgeht, in einer Situation alternativloser Weltanschauung schon deshalb nicht denkbar ist, weil sie ja bereits selbst eine Alternative zu dieser beinhalten und damit die eigene Weltan-

Bekanntlich herrscht in unserer Gesellschaft keinerlei Einigkeit über religiöse Fragen. Damit kann auch die Vermittlung von Wissen im Blick auf religiöse Themen in den Verdacht von Indoktrination kommen. Schon der Fall, dass ein Religionslehrer oder ein Religionsbuch in christlicher Tradition von Gott und seinem Handeln sprechen, kann dann als subtile Form der Beeinflussung gelten, denn auf diese Art wird den Schülerinnen und Schülern vermittelt, dass es einen Gott gibt, der auf eine bestimmte Art und Weise wirkt. Der zweite Grund dafür, dass Religionsunterricht als indoktrinationsanfällig gilt, besteht somit darin, dass religiöse Fragen nicht unumstritten sind.

Historisch hat sich gerade aufgrund des Streits um die Wahrheit eine Vielzahl von Religionen und Konfessionen entwickelt, die sich in vielen Fällen als Religionsgemeinschaften institutionalisieren. Insofern lassen sich bestimmte religiöse Überzeugungen bestimmten Institutionen zuordnen. Sind nun diese Institutionen für die Gestaltung religiöser Bildung verantwortlich, kann dies den Verdacht wecken, dass es in einem solchen Unterricht darum geht, Glaubenssätze als Wahrheiten auszugeben, Schülerinnen und Schüler in eine rezeptive Haltung zu bringen oder darin zu belassen und abweichende Meinungen nicht oder nur in geringfügigem Maße zuzulassen (so die Definition von latenter Indoktrination in Stroß 1989: 723 und in diesem Band). Da in den meisten Bundesländern der Bundesrepublik Deutschland Religion nach dem Grundgesetz (Art. 7 Abs. 3) „in Übereinstimmung mit den Grundsätzen der Religionsgemeinschaften" unterrichtet wird, ist die konfessionelle Verfasstheit des Religionsunterrichts ein dritter Grund für die möglicherweise besondere Indoktrinationsanfälligkeit dieses Faches.

---

schauung relativieren würde. Das konstruierte hypothetische Beispiel würde also seinen Charakter qualitativ verändern und wäre eben nicht mehr dieses Beispiel. Wäre eine Sichtweise aber weiterhin tatsächlich alternativlos, so bliebe es auch aus der Binnenperspektive dabei, dass ein Indoktrinationsverdacht nicht aufkäme. Dass dieser aus einer Außenperspektive erhoben werden könnte und vielleicht sogar müsste, steht auf einem anderen Blatt. Aus einer kulturwissenschaftlichen Perspektive müsste sich dieser Vorwurf dann gleichwohl die Rückfrage gefallen lassen, ob die beschriebenen erkenntnistheoretischen Vorentscheidungen nicht wiederum kulturell kontingent sind und der Versuch, sie zum ‚objektiven' Kriterium zu erheben, deshalb problematisch wäre. Der Gegenvorwurf (der nun mit einer alternativen Weltanschauung konfrontierten Gruppe bzw. derjenigen Personen innerhalb von ihr, die an der Stabilisierung der ‚alten' kollektiven Identität interessiert sind) läge auf der Hand: Hier versuchen Außenstehende, die Menschen in einen Relativismus zu führen und damit die überlieferte ‚Wahrheit' zu untergraben. Man kann diese Haltung (<u>nach</u> der Konfrontation mit den erwähnten erkenntnistheoretischen Anfragen – sie begegnet heute nicht nur in islamischen Diskursen, sondern auch in christlichen) mit Ulrich Beck als „Nachtseite der Moderne" bezeichnen, als gegenmodernen Versuch, Fraglosigkeit und Entscheidungslosigkeit in einer Situation von Entscheidungszwängen neu zu erzwingen (Beck 1993: 99f.). Man sollte sich dabei aber darüber im Klaren sein, dass die innere Stimmigkeit der (oft religiös motivierten) Sicht, die Wahrheit zu kennen, nicht geringer ist als die Stimmigkeit der Sicht, die einen solchen Anspruch zurückweist.

Sollte ein solcher Manipulationsversuch erfolgreich sein, also eine Beeinflussung der Werte und Weltbilder im Sinne einer bestimmten religiösen Doktrin, so wäre es zudem nötig, diese Werte und Weltbilder so zu vermitteln, dass die Persönlichkeit der Schülerinnen und Schüler in ihrer Tiefe und nachhaltig geprägt würde. Dies könnte nur dann geschehen, wenn sich der Unterricht nicht scheute, auch existentiell drängende und persönlich nahegehende Fragen zu behandeln und gegebenenfalls damit Erschütterungen hervorzurufen. Schaut man in die Lehrpläne und Rahmenrichtlinien der verschiedenen Bundesländer, so sieht man, dass es im Religionsunterricht in der Tat auch um Fragen geht wie ‚Sterben und Tod', den ‚Sinn des Lebens', ‚Schuld und Vergebung'. Somit lässt sich als vierter Grund für die besondere Möglichkeit bzw. Gefahr der Überwältigung und Manipulation im Religionsunterricht seine Hinwendung zu persönlich und existentiell relevanten Fragen identifizieren.

Als Zwischenergebnis lässt sich somit festhalten, dass der Religionsunterricht nicht zufällig argwöhnisch betrachtet wird. In der Tat ist er aus den genannten Gründen eher dazu geeignet zu indoktrinieren, als viele andere Fächer.

Dennoch wäre es kaum eine Lösung, Religionsunterricht so umzuorganisieren und umzugestalten, dass die Gründe für seine Indoktrinationsanfälligkeit wegfallen, denn damit würden auch das besondere Profil und sein besonderer pädagogischer Wert zunichte gemacht. Religionsunterricht, der über jeden Indoktrinationsverdacht erhaben ist, das würde bedeuten:

- Verzicht auf Wertebildung
- Verzicht auf den Streit um Wahrheit
- Verzicht auf die konfessionelle Gebundenheit des Religionsunterrichts
- Verzicht auf die Thematisierung existentieller Fragen

Es kommt also darauf an, dass aus einem im besonderen Maße indoktrinationsanfälligen Fach kein indoktrinäres wird. Wie versuchen verschiedene Strömungen evangelischer Religionspädagogik das sicherzustellen?

2 Schlaglichter auf die religionspädagogische Diskussion

Ich möchte mich im Folgenden auf drei Texte von evangelischen Religionspädagogen beschränken, von denen zwei exemplarisch sind für die fachdidaktische Diskussion in der zweiten Hälfte des 20. Jahrhunderts: Helmuth Kittels Programmschrift „Vom Religionsunterricht zur Evangelischen Unterweisung" (1947) und Hans-Bernhard Kaufmanns Thesen „Muss die Bibel im Mittelpunkt des Religionsunterrichts stehen?" (1966). Beide Texte gelten mittlerweile als

Klassiker der evangelischen Religionspädagogik. Der dritte Text – Bernhard Dressler zur Performativen Religionsdidaktik – ist neueren Datums und ein exemplarischer aktueller Beitrag zur Frage, wie sich evangelischer Religionsunterricht zwischen den Polen einer Einführung in den Glauben einerseits, einer steril religionskundlichen Beschäftigung mit Religion andererseits, positionieren kann.

Helmuth Kittels Schrift „Vom Religionsunterricht zur Evangelischen Unterweisung" (Kittel 1947) ist in unserem Zusammenhang von besonderem Interesse, weil der Ansatz der Evangelischen Unterweisung aus heutiger Sicht in besonderem Maße unter Indoktrinationsverdacht gestellt werden könnte. Denn Kittels Ansatz zeichnet sich durch seine enge Anbindung an die Kirche aus sowie dadurch, dass er vorrangig theologisch und religiös argumentiert, nicht pädagogisch. Dies lässt Kittels Ansatz heute als nicht mehr zeitgemäß erscheinen, da sich die gegenwärtige Religionspädagogik als eine Disziplin versteht, die sich sowohl gegenüber den Erziehungswissenschaften, als auch gegenüber der Theologie zu verantworten hat. Daher ist, das sei vorab betont, Kittel zwar als religionspädagogischer Klassiker anerkannt, die übergroße Mehrheit der deutschen Religionspädagogen ist heute aber der Meinung, dass Kittels Ansatz historisch überholt ist und knüpft daher kaum positiv an ihn an.

Der Titel von Kittels Schrift „Vom Religionsunterricht zur Evangelischen Unterweisung" erklärt sich aus Kittels Ablehnung des Begriffs ‚Religion'. Dass der evangelische Religionsunterricht „seit langer Zeit besonders unfruchtbar" war (Kittel in Nipkow/Schweitzer 1994: 144), erklärt sich für Kittel daraus, dass der Begriff der Religion in der Neuzeit seine konkrete Bedeutung verloren habe. Wurde früher unter Religion selbstverständlich das Christentum verstanden, so sei diese Gleichung unter dem Einfluss der Aufklärung und der deutschen Dichtung aufgelöst worden. Für den Religionsunterricht habe dies zur Folge gehabt, dass das Christliche durch eine neue allgemeine Religiosität ersetzt worden sei. Dies habe dann zwangsläufig zu der Konsequenz geführt, dass auch „alt- und neugermanische Texte in den RU" gerieten, die zum Mittel wurden, „die ‚religiösen Anlagen des Kindes zu wecken und zu pflegen' und durch sie ‚zum Aufbau seiner gesamten religiös-sittlichen Persönlichkeit beizutragen'" (145).

Vor diesem Hintergrund lehnt Kittel den Begriff ‚Religionsunterricht' entschieden ab. Stattdessen fordert er „Evangelische Unterweisung", ein Fach, das wieder in enger Bindung an Kirche und Bibel gelehrt werden solle. Evangelische Unterweisung sei, so Kittel, „Unterweisung im Hören auf die Bibel" bzw. „Unterweisung im rechten Umgang mit dem Evangelium" (147).

Aus diesem Ansatz folgt für Kittel eine Neuverortung der Evangelischen Unterweisung an der Schule. Habe der „Religionsunterricht" im dargestellten Sinne bruchlos in die Schule gepasst, so ändere sich dies, wenn sich die Evangelische Unterweisung wieder dem Evangelium zuwende. Denn, so Kittel, das bürgerlich-idealistische Menschenbild, dem die Volksschule in allen ihren ‚Fächern' nicht nur, sondern in ihren gesamten Erziehungsbemühungen dienen soll, steht zu dem Realismus biblischer Aussagen über den Menschen in so hartem Widerspruch, daß die überlieferte künstliche Einheit der Bildungsgehalte in der Volksschule notwendig in Frage gestellt wird, wenn sich das reine Evangelium wieder in der Volksschule zu Gehör bringt (149f.).

Daraus freilich zieht Kittel nicht die Konsequenz, eine kirchliche Aufsicht über die Schule zu fordern. Vielmehr verweist er auf die „Alleinwirksamkeit Gottes in der Wandlung des Menschen zum Jünger Christi" (151). Versuche die Schule, die Schülerinnen und Schüler zu Jüngern zu *erziehen*, sei dies theologisch nicht zulässig:

> Dem Kinde durch die angedeutete Verchristlichung der Volksschulfächer eine christliche Wirklichkeit vorzuzaubern, heißt seine Seele und seinen Geist mit Methoden, gegen die sich das Kind nicht wehren *kann*, zu christlichen Gefühlen und christlichen Gedanken verführen und zwingen. Eine solche Unterwerfung des Kindes ist das Gegenteil jenes Verhaltens, das Jesus fordert (...) (151).

Insofern bleibt es bei einem „Nebeneinander" der Evangelischen Unterweisung und der anderen Fächer. Dabei leiste die Evangelische Unterweisung den anderen Fächern aber „den Dienst einer ständigen Reinigung ihrer Gehalte von allen Religiosierungen" (152). Nach Kittel stehen nämlich alle Fächer in der Gefahr, aus den Inhalten, die in ihnen vermittelt werden sollen, Weltanschauungen und Ideologien zu machen. So könne Naturkunde zum weltanschaulichen Darwinismus oder zu Biologismus werden, im Deutschunterricht könne es vorrangig um die Weltanschauungen der jeweiligen Lieblingsdichter gehen. Dagegen setzt Kittel das Ideal einer ständigen „Kritik der Fachweltanschauungen durch das Evangelium". Diese Kritik verhindere

> Entstellung und Verschleierung der Wirklichkeit. Es ist das Eigentümliche aller ‚Weltanschauungen', daß sie die Wirklichkeit der Welt verkürzen. Wo echte EU [= Evangelische Unterweisung] ist, da ist Schöpfungsglauben. Wo Schöpfungsglauben ist, wird der Mensch frei, der Wirklichkeit zu begegnen. Echte EU macht die weltlichen Fächer erst wirklich weltlich, während sie ohne EU nur eine ‚weltanschaulich geprägte' Wirklichkeit zeigen. Die einzig echte weltliche Schule ist deshalb die Schule, in der es echte EU gibt. Das, was sich heute weltliche Schule nennt, ist eine Schule, in der die wirkliche Welt durch eine handfeste, z.T. ins Religiöse gesteigerte Ideologie übersponnen und unerfahrbar gemacht wird (152).

Das zweite Schlaglicht möchte ich auf einen Text richten, der etwa zwanzig Jahre nach Kittels Schrift entstanden ist: Hans-Bernhard Kaufmanns Thesen

„Muss die Bibel im Mittelpunkt des Religionsunterrichts stehen?" (Kaufmann 1966/1994). Mit Kaufmanns Thesen, so könnte man sagen, findet der Geist der späten 1960er Jahre zwei Jahre vor 1968 Eingang in die Religionspädagogik. Kaufmann werden „kritisches Denken" und „schöpferisches Handeln" zu zentralen Werten. Die „traditionelle Mittelpunktstellung der Bibel *als Gegenstand und Stoff des Religionsunterrichts*" bezeichnet Kaufmann dagegen als „ein Selbstmißverständnis und weder theologisch noch didaktisch gerechtfertigt" (Kaufmann in Nipkow/Schweitzer 1994: 182). Kaufmann wendet sich gegen eine „traditionsgeleitete Orientierung theologischen und kirchlichen Denkens, das sich seine Fragestellung einseitig durch die Überlieferung vorgeben läßt und die Maßstäbe zur Entscheidung der Gegenwartsprobleme allein aus der Tradition ableitet, die normativen Charakter erhält" (182). Stattdessen komme es darauf an, die christliche Tradition „als Material *möglicher* Selbst- und Weltauslegung angesichts der zu verantwortenden Zukunft zu verstehen" (182).

Im schroffen Gegensatz zu Kittel, für den es im Unterricht um eine „Unterweisung im rechten Umgang mit dem Evangelium" geht (s. o.), beschreibt Kaufmann als Aufgabe von Religionsunterricht, „Erfahrung und Wirklichkeit im Horizont des christlichen Glaubens auszulegen und zu eröffnen" (184). Daraus folgt für ihn:

> Der Unterricht ist so zu gestalten, daß die Freiheit zum Widerspruch nicht nur zugestanden wird, sondern als Bedingung des Verstehens gilt, da es eine zwingende Beweisführung zugunsten des einen oder anderen Glaubens ebenso wenig gibt wie einen Glauben, der darauf verzichten kann, sich denkend in einen ‚Streit um die Wahrheit' (G. Ebeling) einzulassen (184).

Die Reflexion Kaufmanns in den 1960er Jahren, welche Konsequenzen es für den Religionsunterricht hat, wenn religiöse Tradition ihre Selbstverständlichkeit verliert, hat mit den religiösen Pluralisierungen in der westdeutschen Gesellschaft in den vergangenen Jahrzehnten und mit der Einführung von Religionsunterricht in den neuen Bundesländern noch einmal an Bedeutung gewonnen: Es stellt sich die Frage, wie christliche Tradition als Material möglicher Selbst- und Weltauslegung (s. o.) im Unterricht bedacht werden kann, wenn – je nach Region und Milieu – ein Großteil der Schülerinnen und Schüler unter Umständen keine oder wenig Vorerfahrungen mit Religion bzw. religiöser Tradition mitbringt. Viele religionspädagogische Entwürfe reagieren seit den 1980er Jahren auf diese Situation, indem sie Einführungen in religiöse (biblische) Sprache und Symbole anstreben. Damit geraten sie gleichwohl in die Gefahr, sich wiederum einem Indoktrinationsvorwurf auszusetzen, da die (‚ganzheitliche') Einführung in Symbole und biblische Texte/Sprache in einem engen Zusammenhang zu deren Aneignung steht.

Vor diesem Hintergrund soll im Folgenden ein Blick auf die in den letzten Jahren viel diskutierte so genannte Performative Religionsdidaktik geworfen werden, die schon in ihrem Namen auf die Notwendigkeit hinweist, dass Religion unterrichtlich inszeniert werden müsse, bevor sie gedeutet werden könne (vgl. Klie/Leonhard 2003).

Im Sinne der Performativen Religionsdidaktik weist Bernhard Dressler darauf hin, dass gerade unter den Bedingungen von Traditionsabbrüchen eine Didaktik gefunden werden müsse, „die der Notwendigkeit entspricht, Religion allererst *zu zeigen* und dabei Religion als eine eigenartige Kultur symbolischer Kommunikation zu erschließen, die in ihren *Vollzügen*, d.h. in ihren narrativen und liturgischen Gestalten, nicht aber, jedenfalls nicht hinreichend, in ihren lehrmäßigen Reflexionsgestalten erkennbar wird". Denn christliche Religion könne „nicht *mitgeteilt* werden [...], ohne immer auch zugleich *dargestellt* zu werden" (Dressler 2003: 157).

Diese Darstellung von Religion allerdings benötige „reflexive Distanzspielräume", denn sonst würde Religionsunterricht, ähnlich der Evangelischen Unterweisung, zu „Kirche in der Schule". Stattdessen geht es Dressler darum, dass Schule auch im Blick auf religiöse Bildungsprozesse als ein „Raum für ‚Probedenken' und ‚Probehandeln'" verstanden wird (159). Dressler vergleicht das Changieren zwischen einer reflektierenden und distanzierten Perspektive einerseits und der (probeweise vorgenommenen) Einnahme von Binnenperspektiven mit der Methode teilnehmender Beobachtung in der (qualitativen) empirischen Sozialforschung: „weder nur Teilnahme mit Haut und Haaren, noch nur Beobachtung aus sterilem Abstand" (159).

Dass ein solcher Unterricht auch die Möglichkeit eröffnet, Religion bzw. Religiosität zu vermitteln, liegt auf der Hand. „Wer den Gebrauch religiöser Zeichen lernt, *wird* darüber – der Möglichkeit nach – religiös" (161). Dies ist nach Ansicht Dresslers offensichtlich kein Problem, im Gegenteil, er scheint die Entwicklung einer für religiöse Lernprozesse offenen Haltung als erstrebenswert zu sehen:

> Die Kraft zur Verinnerlichung wächst aus der Stetigkeit äußerer Formen und Gewohnheiten. Deren Verlust kann der schulische Religionsunterricht zwar nicht kompensieren. Aber er kann ansprechbar machen und aufschließen für Lernvorgänge, die *von außen nach innen* wirken (161).

Dennoch würde sich Dressler entschieden dagegen wehren, brächte man ihn mit Indoktrination in Verbindung:

> Noch einmal: Es geht nicht um Einübung, schon gar nicht um Initiation, es geht um ein sachangemessenes, handlungsorientiertes Verstehen von Religion *als einer Pra-*

xis. Der schulische Religionsunterricht kann schwerlich den Raum bieten, sich in die christliche Religion einzuwohnen – aber ohne wenigstens eine Ahnung davon zu vermitteln, dass der Glaube in einer solchen bewohnbaren Welt beheimatet ist, wird der schulische Religionsunterricht weitgehend folgenlos bleiben (Dressler 2003: 162).

3 Indoktrinationskritisches Potential von Kittel, Kaufmann und Dressler

Fragt man nach Indoktrination im Religionsunterricht, so bleibt meines Erachtens im Blick auf Helmuth Kittel folgendes festzuhalten:

1. Gerade der deutliche und transparente Bezug auf das Evangelium und die Kirche kann als Stärke gelten. Während Unterricht, der anstrebt, allgemeine Religiosität oder auch universale Werte zu vermitteln, in der Regel partikulare Sichtweisen als universal ausgibt und damit den Ideologieverdacht auf sich zieht, benennt die Evangelische Unterweisung eindeutig ihren Standpunkt. Problematisch wäre die deutlich evangelisch-theologische Positionalität der Evangelischen Unterweisung dann, wenn es keine Möglichkeit gäbe, diesem Unterricht fernzubleiben. Eine solche Möglichkeit ist aber grundgesetzlich garantiert (Art. 7 Abs. 2 GG). Überhaupt kann man im Blick auf den Art. 7 GG sagen, dass er ein indoktrinationskritisches Potential gerade dadurch erhält, dass der Standpunkt deutlich gemacht wird, von dem aus unterrichtet wird – sei dieser Standpunkt nun ein evangelischer, katholischer, jüdischer oder auch agnostischer, wie in den religionskundlichen Teilen des Ethikunterrichts. Schon die Tatsache, dass parallel unterschiedliche Religionsunterrichte existieren, relativiert Geltungsansprüche und expliziert Positionalität.[4] (Dass dies die Lehrenden der einzelnen konfessionellen Religionsunterrichte bzw. Ersatzfächer nicht der Pflicht enthebt, ihren Unterricht nicht-indoktrinierend und nicht-indoktrinär zu gestalten, versteht sich von selbst und ergibt sich im übrigen ebenfalls aus dem Grundgesetz, da nach Art. 7 GG der Religionsunterricht ein ordentliches Lehrfach und damit in die Eigenlogik der Institution Schule eingefügt ist.)

2. Meines Erachtens ist der Hinweis Kittels wichtig, dass Schülerinnen und Schüler nicht zum „Jünger" Jesu erzogen werden dürfen. Kittel begründet dies theologisch mit der „Alleinwirksamkeit Gottes". Der Verzicht auf die Intention, Schülerinnen und Schüler zu einem bestimmten Glauben zu führen, ist unabdingbar notwendig, damit Unterricht nicht indoktrinierend wird. Allerdings sind an dieser Stelle auch kritische Rückfragen angebracht: Wie gesagt, setzt sich die

---

4 Vgl. zum Begriff der Positionalität als deskriptiven Terminus sowie zur Notwendigkeit, Positionalitäten transparent zu machen, Willems 2006: 13-17, und zu verschiedenen Typen von Positionalität im evangelischen Religionsunterricht in Deutschland Willems 2006: 20-30.

Evangelische Unterweisung zum Ziel, den „rechten Umgang mit dem Evangelium" zu unterrichten. Dies setzt sowohl eine Zentralstellung der Bibel und theologischer Themen voraus, als auch eine Perspektive, die schon weiß, was ‚richtig' ist. In der Praxis der Evangelischen Unterweisung war damit eine faktische Beeinflussung im indoktrinierenden Sinne nicht ausgeschlossen.

3. Wenn Kittel die Evangelische Unterweisung den anderen Fächern schroff entgegensetzt, so ist dies problematisch, sowohl aus schulpädagogischer Sicht, als auch angesichts dessen, dass von der heutigen Religionspädagogik allgemein ein Beitrag des Religionsunterrichts als öffentlichem Schulfach zur allgemeinen Bildung verlangt wird. Dennoch scheint mir der im Kern pluralitätsfreundliche Ansatz Kittels zukunftsweisend: Indem sich die verschiedenen Fächer gegenseitig den Spiegel vorhalten, können sie Ideologisierungen entgegenwirken. Dies – und auch schon die mit Kittels Konzept gegebene Pluralität von Weltanschauungen innerhalb einer Schule – wirkt *per se* einer Indoktrination entgegen.

Das indoktrinationskritische Potential von Hans-Bernhard Kaufmanns problemorientiertem Religionsunterricht liegt auf der Hand. Hier seien nur zwei Punkte genannt:

1. Bei Kaufmann werden die Bibel, Quellen der Christentumsgeschichte und theologische Denkmuster zum „Material *möglicher* Selbst- und Weltauslegung" (s. o.). An anderer Stelle betont Kaufmann, dass Beweisführungen zugunsten von Glaubensüberzeugungen nicht möglich seien. Beides macht aus den theologischen Inhalten und religiösen Stoffen Materialien, mit denen sich die Schülerinnen und Schüler kritisch auseinandersetzen können und sollen. Bei Kittel standen die theologischen Inhalte und religiösen Stoffe noch als zu vermittelnde im Zentrum. Schaut man sich Unterrichtsmaterialien und Schulbücher des problemorientierten Religionsunterrichts an, so wird entsprechend deutlich, dass die aufgeworfenen Fragen, Themen und Probleme in der Tat aus verschiedenen Perspektiven behandelt werden. Durch die Vermittlung von jeweils relevanten Hintergrundinformationen aus Psychologie, Soziologie, Ökonomie, Geschichtswissenschaft usw. sollen die Schülerinnen und Schüler befähigt werden, einen eigenen begründeten Standpunkt zu entwickeln.
2. Wenn Kaufmann die „Freiheit zum Widerspruch" (s. o.) positiv würdigt, so benennt er damit ein unverzichtbares Element eines nicht-indoktrinierenden und nicht-indoktrinären Unterrichts.

Bernhard Dresslers Überlegungen zu einer Performativen Religionsdidaktik wiederum beinhalten eine (zumindest implizite) Kritik an der starken Betonung des Rationalen im problemorientierten Religionsunterricht und weisen zu Recht darauf hin, dass Religionsunterricht, der sich mit Religion beschäftigt, in Zeiten des religiösen Traditionsabbruchs nicht umhinkommt, Erfahrungen mit Religion im Unterricht probeweise zu ermöglichen. Weiterführend ist der Vergleich mit der sozialwissenschaftlichen Methode teilnehmender Beobachtung, weil damit die Notwendigkeit in den Blick gerät, das Verhältnis von Nähe und Distanz zum ‚Gegenstand' zu reflektieren und als Unterrichtende/r eine entsprechende Haltung mit den Schülerinnen und Schülern einzuüben. Allerdings ist der Unterschied im Blick zu behalten, dass ein teilnehmend beobachtender Sozialforscher eben ‚ins Feld' geht, während – zumindest im Sinne der Performativen Religionsdidaktik – im schulischen Religionsunterricht Religion zumeist inszeniert wird, *als ob* man im Feld wäre. (Das schließt Exkursionen an Orte gelebter Religion nicht aus, vielmehr sind diese durchaus im Sinne von Dresslers Ansatz, nur stellen sie in der schulischen Praxis eine Ausnahme dar.) Damit wird ein performativer Religionsunterricht hochgradig artifiziell: Schülerinnen und Schüler nehmen probeweise und beobachtend an einer religiösen Praxis teil, die zum Zwecke dieser Teilnahme erst inszeniert wird, und zwar von einer Lehrkraft, die in diesem Inszenierungsprozess wiederum als *Lehr*person methodisch kontrolliert „ihre von vielen anderen Christenmenschen geteilte Religion" zeigt, wobei sich diese „von der Lehrperson *gelehrte* Religion auf die von der Privatperson *gelebte* Religion bezieht" (Leonhard/Klie 2003: 14). Es stellt sich hier nicht nur die Frage, wie sich diese gelehrte Religion nun im Einzelnen zur gelebten Religion verhält, kann doch von einer Identität nur schwerlich ausgegangen werden. Vor dem Hintergrund konstruktivistischer Überlegungen und Erkenntnisse zur nur sehr begrenzten Steuerbarkeit der Rezeption von Lehrabsichten bei Lernenden muss zudem davon ausgegangen werden, dass die theoretisch überzeugende Differenzierung zwischen (abzulehnender) unmittelbarer religiöser Praxis und (notwendigem) religiösen „Probehandeln" (s. o.) nicht von allen Schülern als solche erkannt wird und damit – zumindest von Rezipientenseite aus betrachtet – ein performativer Religionsunterricht sehr wohl wieder zur „Kirche in der Schule" werden kann – mit allen Problemen, die damit in Kontext der Frage nach Indoktrination in der Schule verbunden sind.

4 Abschließende Thesen

Auf der Grundlage des bisher Gesagten möchte ich zum Abschluss drei Thesen zum Thema Religionsunterricht und Indoktrination formulieren. Ein nichtindoktrinierender bzw. nicht-indoktrinärer Religionsunterricht ist demnach ein Unterricht, der

- Möglichkeiten zur Distanzierung bietet sowie die Freiheit lässt und eröffnet, im Unterricht behandelte Sichtweisen und Überzeugungen zu übernehmen oder abzulehnen – und damit das Überwältigungsverbot beachtet;
- seine Positionalität und seine Perspektive benennt und reflektiert bzw. eine solche Reflektion, die in umfassender Weise wohl erst in der Sekundarstufe II möglich ist, vorbereitet;
- in alternative Perspektiven einführt und die Fähigkeit zum Perspektivenwechsel einübt (was auch die Kennzeichnung von Binnen- und Außenperspektiven beinhaltet und die Einübung eines Wechsels zwischen beiden, gerade auch im Blick auf die Behandlung anderer Religionen im konfessionellen Religionsunterricht). Dabei ist es eine besondere didaktische Herausforderung, „Probeaufenthalte in religiösen Welten" (Dressler 2003: 159) nicht unter der Hand doch zu Einführungen in einen bestimmten Glauben werden zu lassen.

Ein nicht-indoktrinierender bzw. nicht-indoktrinärer Unterricht wird darüber hinaus wahrscheinlicher, wenn der Lehrkraft die Grenzen der eigenen Tätigkeit bewusst sind und sie eine Haltung der Gelassenheit entwickelt, die um die Unverfügbarkeit von Bildungsprozessen weiß – aus pädagogischen wie aus theologischen Gründen.

Literatur

Beck, Ulrich (1993): Die Erfindung des Politischen. Zu einer Theorie reflexiver Modernisierung. Frankfurt/Main: Suhrkamp.

Dressler, Bernhard (2003): Darstellung und Mitteilung. Religionsdidaktik nach dem Traditionsabbruch. In: Klie/Leonhard (Hrsg.) (2003): 152-165.

EKBO (Evangelische Kirche Berlin-Brandenburg-schlesische Oberlausitz) (2005): Pressemitteilung vom 10. März 2005: „Vorschlag der PDS zu Werteerziehung unpraktikabel und unausgegoren. Evangelische Kirche lehnt PDS-Vorschlag ab". In: http://www.ekbo.de/Dateien/presse_PM_050310_Werteunterricht.pdf (Zugriff 8.9.2006).

Heinemann, Ronald (2005): Ideologischer Glaubenskrieg in Berlin. In: SPIEGEL ONLINE, 08.04.2005, http://www.spiegel.de/politik/deutschland/ 0,1518,350327,00.html (Zugriff 8.9.2006).

Kaufmann, Hans Bernhard (1994): Muß die Bibel im Mittelpunkt des Religionsunterrichts stehen? Auf dem Weg zum Religionsunterricht im Lebenskontext und Dialog. In: Nipkow/Schweitzer: 182-188.

Kittel, Helmuth (1947): Vom Religionsunterricht zur Evangelischen Unterweisung. Hannover: Wolfenbütteler Verlagsanstalt.

Klie, Thomas/Leonhard, Silke (Hrsg.) (2003): Schauplatz Religion. Grundzüge einer Performativen Religionsdidaktik. Leipzig: Evangelische Verlagsanstalt.

Lenzen, Dieter (Hrsg.) (1989): Pädagogische Grundbegriffe. Band 1. Reinbek: Rowohlt.
Leonhard, Silke/Klie, Thomas (2003): Performative Religionspädagogik. Religion leiblich und räumlich in Szene setzen. In: Klie/Leonhard: 7-16.
Nipkow, Karl Ernst (2005): Pädagogik und Religionspädagogik zum neuen Jahrhundert. Bd. 2: Christliche Pädagogik und Interreligiöses Lernen. Friedenserziehung. Religionsunterricht und Ethikunterricht. Gütersloh: Gütersloher Verlagshaus.
Nipkow, Karl Ernst/Schweitzer, Friedrich (Hrsg.) (1994): Religionspädagogik. Texte zur evangelischen Erziehungs- und Bildungsverantwortung seit der Reformation. Band 2.2. Gütersloh: Gütersloher Verlagshaus.
Stroß, Annette (1989): Indoktrination. In: Lenzen: 722-726.
Willems, Joachim (2006): Religiöse Bildung in Russlands Schulen. Orthodoxie, nationale Identität und die Positionalität des Faches „Grundlagen orthodoxer Kultur" (OPK). Münster: Lit-Verlag.

Indoktrination als Phantom. Über die Intentionalität des Medieneinsatzes im Lehr-Lernprozess

Konstantin Mitgutsch

1 Das Phantom

Indoktrination erscheint aus heutiger Sicht ein Phantom der Vergangenheit zu sein. Der Begriff ruft Erinnerungen an die „Bewußtseinsvergewaltigung" (Stroß 1989: 723) der nationalsozialistischen Erziehungsmethodik ins Gedächtnis und hinterlässt einen bitteren Nachgeschmack, der an eine andere Zeit erinnert. Versucht man sich diesem Phantom durch die Analyse von Erzählungen und Erinnerungen aus der damaligen Zeit zu nähern, bleibt der Vollzug der Indoktrination meist verschleiert. Die Überlieferungen der ehemals Indoktrinierten werden meist von einem besonderen Schleier begleitet: dem Vergessen (vgl. Burger 2004: 27-47). Vergessen wurde hierbei nicht der Umstand, dass Doktrinen radikal „eingepflanzt" wurden, vielmehr scheint der Vollzug – das „Wie" – des Indoktrinierens in Vergessenheit geraten zu sein und ist somit nachträglich nur erschwert zugänglich (vgl. Bauman 1992). Einen direkten Zugang zur Methodik der „damaligen" Indoktrination versprechen archivierte Filmmaterialien. Filme wie „Triumph des Willens" von Leni Riefenstahl aus dem Jahre 1935 (siehe Abbildung 1) erscheinen uns im einundzwanzigsten Jahrhundert als Relikte der Vergangenheit, die heute ihre suggestive Inszenierungskraft eingebüßt haben. Und doch erinnern sie daran, dass Indoktrinations- und Manipulationsmethoden, „in denen mit zum Teil stereotyp-repetierenden Mustern und Verabsolutierungen gearbeitet" (Stroß 1989: 723) wurde, nicht unerhebliche Konsequenzen für die Überzeugungen der Rezipienten und Rezipientinnen hatten. Lässt man das abgebildete Filmplakat auf sich wirken, mit seinem gebrochenen Antiqua-Schriftzug, den überladenen Symbolen und der tyrannischen Botschaft, regt sich beim Betrachten mitunter ein gewisses Unbehagen, das man auch als Phantomschmerz bezeichnen könnte. Ein Schmerz also, der auf etwas hindeutet, das nicht mehr da ist, aber trotzdem – schmerzhaft – an etwas erinnert, das einmal da war.

Heute wissen wir, belehrt durch die Geschichte, dass in den Propaganda-Filmen des NS-Regimes durch narrative Stilmittel „die Objekte der Betrachtung per Inszenierung und tendenzieller Montage ebenso dokumentiert wie manipuliert" (Dirk C. Loew in www.filmtexte.de) wurden. Und aufgeklärt durch dieses Wissen über die Methodik der damaligen Zeit, wird der Schmerz, der an die Indoktrinationsmechanismen erinnert, zum Phantom. Das Wort „Phantom" bedeutet in seinem griechischen Ursprung „Trugbild" und „unwirkliche Erscheinung" (Duden 1997: 619) oder, wie Günther Anders es formuliert, ein „Zwischending zwischen Sein und Schein" (Anders 2002: 113). Indoktrination erscheint uns heute als Erscheinung einer anderen Wirklichkeit, die – verzerrt und verschleiert durch die Vergangenheit – an etwas erinnert, mit dem wir nicht mehr in Berührung kommen wollen.

Wenn wir uns jedoch ins Gedächtnis rufen, dass Indoktrination den Indoktrinierten oftmals erst ex post facto[1] bewusst wird, dann nämlich, wenn sie bereits im Verschwinden begriffen ist, so wird fraglich, ob dieses „Phantom" nicht im aktuellen Diskurs mehr „Sein" impliziert als es zunächst „scheint". Oder anders: Wenn wir uns erlittener Indoktrination erst nach ihrer Überwindung bewusst werden, können wir dann diese Problematik mit ruhigem Gewissen als Thema der Vergangenheit archivieren? Oder erinnert uns der „bittere Nachgeschmack" daran, dass das Phantom der Indoktrination nach wie vor sein Unwesen treibt – vielleicht in einer neuen Gestalt?

Um Antworten auf diese Fragen zu bekommen, versteht sich die vorliegende Erörterung als ein Versuch der Enthüllung des Phantoms der Indoktrination. Am Beispiel theoretischer Konzeptionen des didaktischen Medieneinsatzes,[2] soll erörtert werden, mit welchen indoktrinären Intentionen Medien im Lehr-Lernprozess ihren Einsatz finden. Hierbei soll der Fokus nicht auf der Medienwirkungsforschung oder in einer Kritik eines technizistischen Medienbegriffs

---

1 Dass Indoktrination aber auch bewusst wahrgenommen wird und wurde, verdeutlicht Heinz-Elmar Tenorth (1995) in seinem Aufsatz „Grenzen der Indoktrination".
2 Wenn in weiterer Folge von „Medien" gesprochen wird, dann soll hierbei eine auf technische Massenmedien reduzierte Vorstellung von Medien vermieden werden. Im Sinne einer Analyse, die nach medialen Praktiken der Indoktrination im Lehr- Lernprozess fragt, soll weder eine technologische Medientheorie noch ein phänomenologisches Verständnis von Medien vertreten werden; der Fokus gilt den impliziten und/oder expliziten Ansprüchen an Medien, als Vermittler und Transformator von Inhalten im Lehr- Lernprozess zu fungieren.

liegen, sondern es gilt im Sinne einer hermeneutisch-kritischen medienpädagogischen Herangehensweise nach impliziten Voraussetzungen zu fragen, die auf Momente medialer Indoktrination im Lehr-Lernprozess hinweisen.

Um diese These zu entfalten wird einleitend eine terminologische Annäherung an den Begriff der Indoktrination versucht (Kap. 2). Hierbei gilt es den Vollzug der Indoktrination besonders im Spannungsfeld zwischen Lehrenden und Lernenden zu identifizieren, um das Phantom der Indoktrination zumindest seinem Umriss nach erfassen zu können. In weiterer Folge gilt es der Frage nachzugehen, in welchem Zusammenhang die Vermittlung von Doktrinen unter dem Einsatz von Medien steht (Kap. 3). Hierbei soll ein Exkurs zu den sokratischen Wurzeln der Medienkritik – quasi archäologisch – erste Momente der Indoktrination durch Medien verdeutlichen. Daran anschließend gilt es zu fragen, wie sich mediale Indoktrination in gegenwärtigen Lehr-Lernprozessen zeigt (Kap. 4) und woran indoktrinäre Züge im Vollzug, in der Methodik oder im Ziel von Lehren mit Medien erkennbar sind (Kap. 5). Doch zunächst soll der diffuse Begriff der Indoktrination für seinen Gebrauch in diesem Text eine gewisse Klärung erfahren, um das Phantom terminologisch einhegen zu können.

2 Indoktrination im Lehr- Lernvollzug

Der Begriff der Indoktrination glänzt durch eine gewisse begriffliche Unschärfe (vgl. Stroß 1994): Weder scheint eindeutig, was Indoktrination nun tatsächlich bedeutet, noch wo die Grenzen zu den benachbarten Begriffen wie jener der Manipulation, der Konditionierung oder der Programmierung liegen. Als eine Art Mindestbestimmung kann Winfried Böhms Begriffsklärung gelten, in der Indoktrination als ein zielgerichteter und systematischer Vollzug gefasst wird, in dem Inhalte und Überzeugungen bei einer anderen Person oder bei einer anderen Personengruppe geprägt und dessen oder deren kritische Disposition negiert werden (vgl. Böhm 2000). Im deutschsprachigen pädagogischen Diskurs gab es in den letzten Jahrzehnten vereinzelte Erörterungen und Analysen der Ziele, Inhalte, Methoden und Mitteln der Indoktrination in Erziehung und Unterricht.[3] Auffallend undeutlich blieben hierbei Auseinandersetzungen mit dem tatsächlichen Vollzug des Lernens im Einfluss von Indoktrination und zu der daraus resultierenden Problematik. Richtet man den Fokus auf jene Kriterien, die Momente der Indoktrination im Lehr-Lernvollzug erkennen lassen, erscheint ein Verweis auf den angelsächsische Diskurs und den Begriff der „indoctrination" sinnvoll.

---

3   Dazu ausführlicher: Stroß 1989, 1994 und in diesem Band und Tenorth 1995.

Ausgehend von den Erörterungen von William Heard Kilpatrick, John Dewey und Boyd Bode fasst in den 70er Jahren Ivan Snook in seinem Werk „Indoctrination and Education" (1972) folgende Kriterien der Indoktrination, getrennt nach Methode (a), Inhalt (b), Absicht (c) und Konsequenzen (d) des Unterrichts zusammen (vgl. Snook 1972: 16-67):

a. Die Methode des indoktrinären Unterrichtens
Im Sinne Snooks können Unterrichtsmethoden dann als Indoktrination gelten, wenn erstens der Unterricht autoritären Charakter hat, zweitens versucht wird, Inhalte radikal in das Bewusstsein der Lernenden „einzuprägen" und drittens beeinflussende Elemente („threading elements") eingesetzt werden, die keine freie Meinungsäußerung einräumen.

b. Die Inhalte des indoktrinären Unterrichtens
Der Inhalt des Unterrichts, so Ivan Snook, bestimmt wesentlich, ob dieser einen indoktrinären Charakter bekommt. Wie es der Begriff selbst schon andeutet, gibt es keine Indoktrination ohne Doktrin. In diesem Sinne bestimmt der Wahrheitsgehalt des Inhalts wesentlich den indoktrinären Vollzug des Unterrichtens:

> Indoctrination is the teaching of what is known to be false as true, or more widely the teaching of what is believed true in such a way as to preclude critical inquiry on the part of learners (Snook 1972: 179?).

c. Die Absicht des indoktrinären Unterrichts
In Anlehnung an William Heard Kilpatrick, der als Pionier im Diskurs über „indoctrination" gilt, exploriert Snook das für ihn zentrale Moment der Indoktrination: die bewusste oder unbewusste Intention des Lehrers. Das Ziel des Lehrers, den Schülern einen gewissen Inhalt kompromisslos „einzuprägen", ist ihr zentrales Moment: „The child should believe that 'p' is true, in such a way that nothing will shake this belief" (White 1972a: 119 in Snook 1972: 179).

d. Die Konsequenzen des indoktrinären Unterrichts
Die Konsequenzen der Indoktrination im Unterricht können für Snook nur im „outcome", also im Resultat beim Objekt der Indoktrination, festgemacht werden. Der Indoktrinierte ist demnach einer subtilen Art der Selbst-Täuschung unterworfen, in der dessen grundlegende Überzeugungen und Meinungen apodiktisch durch die Indoktrination gesetzt werden. Weder Gegenbeweise noch kritische Anmerkungen können seine Überzeugung relativieren.

Zusammenfassend kann festgestellt werden, dass sich Snooks angloamerikanische Studien dadurch auszeichnen, dass Indoktrination dort festgemacht wird, wo im Unterricht methodisch intentional kompromisslos agiert wird und unüberprüfte Doktrinen den Schülern und Schülerinnen radikal eingeprägt werden, wobei diesen die Möglichkeit auf freie Meinungsäußerung verwehrt wird. Fragwürdig bei Snooks Herangehensweise bleibt die systematische Trennung der unterschiedlichen Modi der Indoktrination: So differenziert Snook die oben angeführten vier Kategorien der Indoktrination, verdeutlicht aber dabei, dass sich Methode, Inhalt, Absicht und Konsequenzen der Indoktrination wechselseitig bedingen und keine eindeutige Trennung zulassen.

Grundlegend in Ivan Snooks Verständnis von „indoctrination" ist die Gewichtung von richtigen und falschen Doktrinen im Unterricht. Wissen, das nicht verifiziert[4] und somit keinen Anspruch auf Wahrheit erheben kann, ist in diesem Sinne ein wesentlicher Bestandteil der Indoktrination. Ob sich indoktrinärer Unterricht dadurch auszeichnet, dass Wissensinhalte, die als falsch gelten, als wahr propagiert werden, muss konträr zu Snook in Frage gestellt werden. Erstens ist den Lehrenden meist die „Unwahrheit" ihrer Überzeugung nicht bewusst, und zweitens bleibt es zweifelhaft, ab wann Wissensinhalte als unumstößlich „wahr" gelten können (vgl. Koch 2000). Oliver Reboul bemängelt an diesem Verständnis von Indoktrination, dass hierbei kontra-faktisch von einer idealistischen Wissensvermittlung ausgegangen wird, die frei von „subjektiven Überzeugungen" (Reboul 1980: 69) ist. Reboul konstatiert, dass ein solch pragmatistischer Zugang eine simplifizierte Vorstellung von verifizierbaren Wissensinhalten impliziert, wodurch wiederum dogmatisch an messbaren Kriterien der Wahrheitsfindung festgehalten wird. Er versucht zu verdeutlichen, dass der Wahrheitsgehalt der Doktrinen, ob er verifizierbar ist oder nicht, kein zentrales Kriterium der Indoktrination darstellt. Es kann sowohl mit falschen als auch mit richtigen Fakten indoktrinieren werden – der Inhalt bleibt dabei zweitrangig. Entgegen Snooks Auffassung über das inhaltliche Kriterium (b) der Indoktrination, das soll an dieser Stelle verdeutlicht werden, können auch Wissensinhalte mit „nachgewiesenen Beziehungen oder verifizierte Fakten" (ebd. 92) zur Indoktrination genutzt werden. Nicht das „Einimpfen" (ebd. 92) von unverifizierten Doktrinen alleine, sondern besonders die Methode des Einimpfens an sich ist für Oliver Reboul ausschlaggebend.

Dieser Gedanke führt zum Kriterium der Methodik (a) der Indoktrination, die Snook am autoritären Charakter des Unterrichts, dem radikalen Aufdrängen von apodiktischen Doktrin und der fehlenden Möglichkeit zur freien Meinungsäußerung festmachte. Auch an dieser Stelle erscheinen Snooks Ausführungen

---

4 Eine solche Zuversicht in die Verifizierbarkeit von Aussagen zeigt sich unbeeindruckt von der wissenschaftstheoretischen Einsicht Karl Poppers, dass die Verifikation einer Aussage nicht möglich sei: „Diese Überlegung legt den Gedanken nahe, als Abgrenzungskriterium nicht die Verifizierbarkeit, sondern die Falsifizierbarkeit des Systems vorzuschlagen" (Popper 1982: 15).

begrenzt: Denn auch ein anti-autoritärer Unterrichtsstil, in dem den Schülern die Möglichkeit für Rückfragen offen steht, kann indoktrinäre Züge implizieren. Gerade diese Art der latenten Indoktrination, die sich nicht sofort zu erkennen gibt, erweist sich als besonders heimtückisch, weil sie den Lernenden eine spezifische Art der „Freiheit" vorgaukelt.[5] Kritik und skeptisches Rückfragen können nicht vor Indoktrination schützen, sie können sogar zur latenten Indoktrination funktional eingesetzt werden.

Nicht der Wahrheitsgehalt des Inhalts und auch nicht der Stil oder die Absicht der Lehrenden sind die zentralen Momente der Indoktrination, sondern die Intention, das selbstständige Denken, Urteilen und Verstehen der Lernenden zu negieren und diesem apodiktische Doktrinen aufzudrängen, macht Indoktrination aus: „Weder Absicht, noch Doktrin oder Methode" (Reboul 1980: 108) sind ausschlaggebend, wenn Unterricht zur Indoktrination wird. Entscheidend – so Oliver Reboul – sei vielmehr die Verkehrung der eigentlichen Ziele des Unterrichts, die anstelle des Erwerbs von selbstständigem Denken, Urteilen und Verstehen bloße Reproduktion, Dogmen und „sinnentleerte Formeln" (ebd.) setzt.

Widmen wir uns Snooks letzten Kriterium der Indoktrination, den Konsequenzen zu (d), kann Heinz-Elmar Tenorths Einwand geltend gemacht werden, dass Indoktrination nicht unbedingt am Resultat (oder „outcome") messbar ist (vgl. Tenorth 1995). Tenorth verdeutlicht an Schüler-Erinnerungen aus der NS-Zeit, dass auch bei massiver Indoktrination und Manipulation der Lernende eine gewisse Widerständigkeit entwickelt:

> Die Jugend, das wird dabei bewusst, verhielt sich jedenfalls sehr viel ambivalenter, als manche Sätze über die erfolgreiche Verführung im Nationalsozialismus glauben machen; sie lebten zwischen gläubiger Anhängerschaft und Resistenz, stiller Anpassung und manifestem Widerstand, und zwar sowohl innerhalb wie außerhalb der Schule (Tenorth 1995: 341).

Die Konsequenzen oder Resultate der Indoktrination (vgl. Snook 1972) als „outcome" im Objekt der Indoktrination erweisen sich demnach nur als begrenzt zugänglich. Darüber hinaus steht in Frage, welche Rolle das Resultat der Indoktrination im aktuellen Lehr-Lernprozess spielt. Reicht nicht der Versuch der Indoktrination oder der Anspruch Wissensinhalte den Schülern und Schülerinnen unreflektiert „einzupflanzen" aus, um als indoktrinär diagnostiziert werden zu

---

5   Diesen Gedanken hat Walter Müller in seinem Aufsatz mit dem Titel „'Ver-Steiner-te' Reformpädagogik oder: Ist die Waldorfschule trotz Anthroposophie eine gute Schule?" verdeutlicht. Müller entlarvt hierbei die impliziten „unbedingten und absoluten Geltungsansprüche" (Müller 1995: 111) der Steinerschen Anthroposophie und problematisiert dabei die harmonistische widerspruchs-vermeidende Methodik des Waldorf-Unterrichts (vgl. Müller 1995 in: Böhm/Oelkers 1995: 105 – 125).

können? Von Indoktrination im vollen Wortsinn wird hier erst gesprochen, wenn sich eine tatsächliche Wirkung bei den Lernenden zeigt.[6] Unterricht kann demnach als indoktrinär bezeichnet werden, wenn darin sowohl die Absicht als auch die Bemühung der Indoktrination erkennbar ist. Indoktrinierend ist dieser jedoch erst dann, wenn die indoktrinäre Absicht ihre erwünschte Wirkung zeigt und im indoktrinierten Verhalten und Denken der Lernenden resultiert. Im Sinne einer medien- und bildungstheoretischen Analyse soll im Rahmen der vorliegenden Erörterung das Resultat – oder der „outcome" – der Indoktrination keine zentrale Rolle spielen. Der Fokus liegt auf der Intention, dem Ziel und der Methodik des Lehrenden.

Um aber in weiterer Folge einen kleinsten gemeinsamen Nenner der Indoktrination im Lehr-Lernprozess zu bestimmen, kann zusammenfassend festgestellt werden: Wenn das selbstständige Denken, Urteilen und Verstehen des Lernenden vom Lehrenden negiert wird und diesem apodiktisch geltende Inhalte ohne die Ermöglichung zur Distanzierung oder Kritik intentional eingeimpft (oder eingeprägt) werden sollen, dann ist Indoktrination im Spiel! Wie in der Einleitung bereits erwähnt wurde, gelten technische Medien als besonders nützliche Vehikel der Indoktrination. Ob und in welcher Weise Medien im Zusammenhang mit der Vermittlung von Doktrinen stehen, soll im Folgenden geprüft werden.

3 Mediale Praktiken und Indoktrination

Wenn in weiterer Folge von „medialen Praktiken und Indoktrination" die Rede ist, dann mit Sicherheit nicht, um eine medienpessimistische (Neil Postman) oder bewahrpädagogische Auffassung (Hartmut von Hentig)[7] zu vertreten. Weder soll vor der dämonischen Wirkung der Medien gewarnt werden (Günther Anders), noch die Instrumentalisierung der manipulativen Massenmedien entfaltet (Walter Benjamin) und problematisiert werden (Max Horkheimer und Theodor W. Adorno), vielmehr gilt es zu fragen, ob im aktuellen Lehr-Lernprozess Medien mit dem Anspruch eingesetzt werden, selbstständiges Denken, Urteilen und Verstehen der Lernenden zu übergehen und Inhalte intentional „einzuprägen". Um zu verdeutlichen, welche Funktion Medien – als potenzielles Vehikel der Indoktrination – im Vermittlungsprozess haben, soll ein Exkurs zur vielleicht ersten

---

6 Zur Frage der Absichtlichkeit von Indoktrinationsbemühungen ohne Absicht möglich sind, fragtund zu den Wirkungen von Indoktrination auch in kritischer Distanz zu Tenorths Skepsis vgl. die Aufsätze von Elena Demke und Henning Schluß in seinem Aufsatz in diesem Band (vgl. Schluß 2006)..

7 Hierzu lohnt sich die Lektüre der spannenden Diskussion zwischen Dieter Baacke, Bernd Schorb und Hartmut von Hentig (vgl. Zacharias 1999: 286-307).

Fundstelle der „Technikfolgenabschätzung" (vgl. Faßler/Halbach 1996: 8) vollzogen werden: zum Mythos von Theut.

Platons Mythos über die Erfindung der Schrift durch den ägyptischen Gott Theut (oder im ägyptischen Thot) gilt als Klassiker der heutigen Medientheorie. In jener Erzählung wird erstmals das Verhältnis zwischen dem Nutzen und dem Schaden des Mediums Schrift problematisiert. Dass in diesem Dialog auch das Moment der Indoktrination durch Medien erörtert wird, scheint bis heute wenig Beachtung im bildungs- und medienpädagogischen Diskurs gefunden zu haben. Eben diesem Aspekt gilt es nun Beachtung zu schenken:

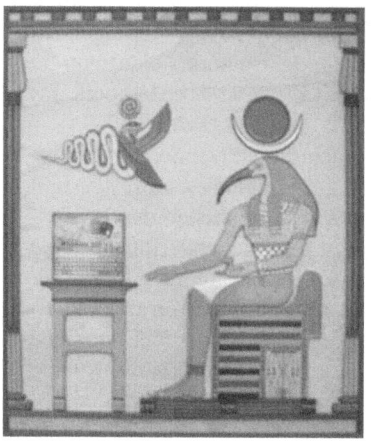

In jenem Mythos, der laut Platon Phaidros durch Sokrates belehrend geschildert wurde, tritt der Gott Theut (meist mit Ibiskopf, Pinsel und Palette) in einen Dialog mit dem König Thamus von Theben, dem Theut seine Erfindungen, nämlich die Zahlen, das Rechnen, die Geometrie und Astronomie, das Brett- und Würfelspiel und eben auch die Schrift, vorführt (vgl. Menon St.: 274 zit. nach Apelt 1988).[8] Der König fragt jeweils nach dem Nutzen und äußert sich anschließend kritisch über die Vor- und Nachteile. Theut preist die Schrift mit folgenden Worten an:

> Dieser Lehrgegenstand, o König, wird die Ägypter weiser und gedächtnisfester machen; denn als Mittel für Gedächtnis und Weisheit ist er erfunden worden (274).

König Thamus kontert Theuts Lobpreisung der Schrift skeptisch und problematisiert das Verhältnis zwischen Schaden und Nutzen für die Benutzer der Schrift:

> Denn diese Kunst wird Vergessenheit schaffen in den Seelen derer, die sie erlernen, aus Achtlosigkeit gegen das Gedächtnis, da die Leute im Vertrauen auf das Schriftstück von außen sich werden erinnern lassen durch fremde Zeichen, nicht von innen heraus durch Selbstbesinnen (274).

---

8   Bei der Lektüre des Dialogs Phaidros von Platon sind unterschiedlichste Übersetzungen anzutreffen. Dieser Umstand eröffnet einen großen Interpretationsspielraum, der besonders aus einer bildungstheoretischen Perspektive interessant erscheint und die Deutung des Dialogs wesentlich beeinflusst (vgl. http://www.emerco.de/resources/platon/phaidros/). http://www.emerco.de/resources/platon/phaidros/). Im Kontext meiner Ausführung beschränke ich mich auf die Übersetzungen von Apelt (1988) und Gerber und Debatin (2000).

König Thamus wendet Theuts positive Deutung der Schrift und zeigt die Ambivalenz der gedächtnisstützenden Funktion der Schrift, die dem Lesenden den Einsatz seines Gedächtnisses als überflüssig erscheinen lässt und so bei diesem das Vergessen fördert. In der Folge postuliert er, dass Theut mit der Schrift den „Lehrlingen" kein Mittel für die Weisheit, sondern für die Einbildung von Weisheit und Wahrheit in die Hand legt. Denn wenn Lernende ohne tatsächliche Belehrung zu vermitteltem Wissen kommen, dann sind sie nach König Thamus „zu Dünkelweisen geworden und nicht zu Weisen" (274).

Im Kontext der Problematik um Indoktrination erscheint besonders die Fortsetzung des Dialogs zwischen Sokrates und Phaidros interessant. In diesem erläutert Sokrates, dass die geschriebenen Worte wie sie vor uns stehen „als lebten sie" (275), nicht in der Lage sind „Deutliches und Sicheres" (275) zu übermitteln, sondern nur deren Schein. Und nun postuliert Sokrates die entscheidende Differenz zischen der Schrift und dem Dialog: „Doch fragst du sie, so verharren sie in gar würdevollem Schweigen" (275). Das geschriebene Wort ist im sokratischen Sinn nur ein einförmiges und unhinterfragbares Nachbild des „lebendigen und beseelten Wort des Wissenden" (275). Das Übermitteln von Wissen ist für Sokrates nur möglich, wenn dieses Wissen hinterfragbar den Lernenden in einem Dialog eröffnet wird:

> Wenn mit Sachkenntnis in der Seele des Lernenden, fähig zur Selbstverteidigung und kundig des Redens und Schweigens, je nach Umständen, eingeschrieben wird (gráphetai) (St.: 276 in Gerber/Debatin 2003).

Kehrt man diesen Gedanken um, dann wird deutlich, dass Sokrates im Medium Schrift ein Mittel sieht, um die kritische Haltung der Lernenden zu unterlaufen und diesen den „Schein" von Wissen „einzuprägen". Sokrates entlarvt also nicht nur die Problematik der gedächtnisstützenden Funktion der Medien und der fehlenden Reflexion über das vermittelte (Schein)Wissen, sondern er deutet auch auf das indoktrinäre Moment der Medien im Lehr-Lernprozess hin. Medien (hier die Schrift) verharren, wenn man sie nach ihren Beweggründen fragt, „in gar würdevollem Schweigen" (275). Sie eignen sich dafür, Wissen abzubilden und in unhinterfragbarer Weise den Lernenden dessen Schein „einzuprägen".

Dass sich nicht nur das Medium Schrift, sondern auch das Medium Sprache zur Indoktrination und zur Vermittlung von (Schein)Wissen eignet, verdeutlicht daraufhin Sokrates selbst. Denn – oft übersehen – lautet die Reaktion des Phaidros auf die Erzählung des Mythos von Theut: „O Sokrates, leicht erdichtest du Geschichten aus Ägypten und aus welchem Landen du immer willst" (275b). Dieser wiederum rügt den jungen Phaidros und erinnert an seine Vorfahren, die „die ersten Worte der Weissagung" von einer Eiche für wahr hielten und die sich in ihrer Einfalt damit begnügten, „auf Eiche und Fels zu hören, wenn sie nur Wahres erzählten" (275b).

Mit jener – durchaus fragwürdigen – Antwort unterdrückt Sokrates die kritische Haltung seines Gesprächpartners und lässt diesem nicht die Möglichkeit zur zuvor gepriesenen verbalen Selbstverteidigung:[9] „Sokrates gesteht daraufhin freimütig, daß er seinen Bericht fingiert hat, und rechtfertigt sich mit der dubiosen Begründung, daß er um der Wahrheit willen log" (Matussek 1998: 270).

Wenn Indoktrination, wie ich in der einleitenden Auseinandersetzung mit dem Indoktrinationsbegriff von Snook verdeutlicht habe, nicht ausschließlich mit dem unumstößlichen „Wahrheitsgehalt" einer vermittelten Aussage relativiert werden kann, dann kann die Antwort des Sokrates durchaus in ein problematisches Licht gerückt werden. Wenn das selbstständige Denken, Urteilen und Verstehen des Phaidros, der immerhin Sokrates unterstellt, dass er eben diese Geschichte erfunden habe, von diesem negiert oder zumindest beiläufig übergangen wird, indem Sokrates die Geltung seines Mythos durch dessen unhinterfragbaren Wahrheitsgehalt propagiert und dessen Rückfrage somit bagatellisiert, dann könnte hier ein Moment der Indoktrination deutlich werden.

Ohne diesen Gedanken überstrapazieren zu wollen, werden im Mythos von Theut zwei Aspekte der Indoktrination als mediale Praxis deutlich: Zunächst zeigt Platon auf, dass sich das Medium Schrift dafür eignet, Wissen abzubilden und in spezifischer Weise das Potenzial innehat dem Lernenden scheinbares Wissen „einzuprägen", ohne auf dessen Rückfragen antworten zu können. Darüber hinaus macht Sokrates durch seine – zumindest fragwürdige – Begründung deutlich, dass nicht nur die Schrift, sondern auch die Sprache als Medium dienen kann, Inhalte auf unhinterfragbare Weise zu vermitteln. Wenn Sokrates konstatiert, dass „in der Seele des Lernenden" (St.: 276 in Gerber/Debian 2003) der wahre logos „eingeschrieben" (ebd.) werden darf und soll, dann rechtfertigt er damit – unter gewissen „Umständen" (ebd.) – das „Einschreiben" als didaktische Möglichkeit im Lehr-Lernprozess. Nicht nur die Schrift, sondern auch die Sprache kann zur Indoktrination genutzt werden, wobei die Sprache die unmittelbare Rückmeldung in Form eines Dialoges zwar prinzipiell ermöglicht (aber dieses

---

9　Ob dieser Mythos vom platonischen Sokrates fei erfunden wurde oder ob diese Erzählung tatsächlich einen ägyptischen Ursprung hat, beschäftigte nicht nur Phaidros sondern auch Philologen, Historiker und Geographen: „Es ist so gut wie sicher, daß Platon die ägyptische Erzählung willkürlich abgeändert hat, wie er dies ja auch andeutet anzuzeigen scheint durch die Bemerkung, mit der sie Phaidros aufnimmt. Für einen Ägypter, der Schreibkunst und Bücherkenntnis mit größter Ehrfurcht betrachtet, wäre der Tadel der Erfindung des Theut wohl ganz unfaßlich. Vielleicht kommt einmal aus einem alten Grabe noch die ägyptische Form der Sage zum Vorschein" (Apelt 1988: 142).

Potential nicht einlösen muss und sogar verhindern kann)[10] und die Schrift diese Möglichkeit – im Verständnis Platons – im Wesentlichen ausschließt.

Für die anfängliche Fragestellung nach der Einhegung des Phantoms der Indoktrination am Exempel des Medieneinsatzes im Lehr-Lernprozess leistet der legendäre Mythos von Platon folgendes: Medien – so könnte man resümierend festhalten – haben neben ihrer gedächtnisstützenden Funktion und der Vermittlung von (Schein)Wissen ein indoktrinäres Moment. Durch ihr wesentliches „Schweigen" bei möglichen unmittelbaren kritischen Rückfragen zu den (Schein)Wissensinhalten und durch das Geheimhalten ihrer Beweggründe eignen sie sich besonders dazu, das selbstständige Denken, Urteilen und Verstehen des Lernenden zu umgehen und Inhalte intentional „einzuprägen". Das Phantom der Indoktrination findet – zumindest bei Sokrates – in Medien ein geeignetes Mittel um im Lehr-Lernprozess sein Unwesen zu treiben. Ob in einem gegenwärtigen Verständnis von Lehren und Lernen der Medieneinsatz indoktrinäre Züge aufweist, soll in weiterer Folge geprüft werden.

4 Mediale Indoktrination im Lehr-Lernprozess

In den mehr als zweitausend Jahren, die nach diesem Dialog zwischen Sokrates und Phaidros vergangen sind, wurde eine Fülle an Theorien zur Nutzung und Wirkung von Medien im Lehr-Lernprozess entwickelt, widerlegt und diskutiert. Ohne hier die unterschiedlichen Paradigmen, Theorien und Ansätze der Medientheorie diskutieren zu können,[11] kann verkürzt festgehalten werden, dass die Annahme bestätigt scheint, Medien würden zur Vermittlung von Lerninhalten nützlich sein. Schon im 17. Jahrhundert ging Johan Amos Komensky (lat. Comenius) in seinem illustrierten Werk „Orbis Sensualium Pictus" (1658) von der These aus, dass Unterrichtsmaterialen die Sinne der Heranwachsenden ansprechen sollten. Diese These konnte dreihundert Jahre später durch die Untersuchungen von Levin und Lentz (1982) und Levin, Anglin und Carney (1987) bestätigt werden. Wenn im aktuellen medienpädagogischen Diskurs vom Medieneinsatz im Unterricht gesprochen wird, dann wird hierbei mehrheitlich ein technisch reduzierter Medienbegriff gebraucht. Der Fokus liegt in den meisten Fällen auf dem pragmatischen Gebrauch von technischen Medien, wobei die

---

10 Zumal dann, wenn die Gesprächssituationen ein asymmetrischeres Gefälle aufweisen, wie es in den Dialogen des Platonischen Sokrates erkennbar ist. Dies ist für pädagogische Verhältnisse deshalb besonders relevant, weil diese per Definition asymmetrisch sind insofern, als es einen Lehrenden und einen Lernenden gibt (vgl. dazu: Schluß 2005: 23-35).

11 Ausführlicher dazu: Lay 1970 und Kloock/Spahr 1987.

semiotische und physikalische Dimension von Medien nivelliert wird.[12] Dieser – durchaus problematische – Umstand soll hier jedoch nicht thematisiert werden, vielmehr, wird in den folgenden Kapiteln der Begriff Medien synonym mit einem technizistisch reduzierten Medienbegriff verwendet und in einen Konnex mit dem Lernprozess gestellt.

Als grundlegend für die Annahme, dass die Lernwirkung durch den Einsatz von unterschiedlichen Medien gesteigert wird, gelten die Ausführungen von Gagné (1987) und Salomon (1976, 1979). Die effiziente Nutzung von Medien durch Lernstrategien wurde von Drewniak (1992) und die Angemessenheit unterschiedlich codierter Informationen von Salomon (1979) erörtert.

Auffallend bleibt bei den unterschiedlichen Analysen des medial aufbereiteten Lernvollzugs, dass meist die Steigerung der Effizienz und die Erhöhung der Lerngeschwindigkeit intendiert werden und durch die Nutzung unterschiedlicher Medien erreicht werden sollen. Lernen wird hierbei, wie schon im eingangs erwähnten Mythos des platonischen Sokrates, als ein mnemotechnischer Akt verstanden, der sich als medial gesteuerter Vollzug des Auswendiglernens äußert und sich am Lernresultat überprüfen lässt. Es gilt Wissensinhalte (content) so zu verpacken, zu strukturieren und zu transformieren, dass die Lernenden in kürzester Zeit einen angemessenen (und messbaren) „out-put" reproduzieren können. Die Problematik, ob hierbei das selbstständige Denken, Urteilen und Verstehen des Lernenden zugelassen wird und apodiktische Inhalte, ohne die Möglichkeit der Distanzierung oder Kritik, vermieden werden, soll im Folgenden thematisiert werden und mit der Auffassung von Jakob Muth eröffnet werden:

> Fragt man nach einer Begründung für den Einsatz von Medien im Unterricht, so lassen sich alle möglichen Antworten in dem einen Satz zusammenfassen, dass Medien das Lehren des Lehrers und das Lernen des Schülers effektiver machen müssen (Muth 1978: 35 in Kerres 2001: 103).

Um die Motive des Medieneinsatzes näher zu erörtern, erscheint ein kurzer Exkurs zu den geschichtlichen Wurzeln des mediengestützten Lernens sinnvoll, denn den verschiedenen Ansätzen liegen – meist implizit – unterschiedliche Annahmen über menschliches Lernen zugrunde, die wesentliche Konsequenzen für das Verständnis von Lehren und Lernen mit Medien haben. Die ersten bemerkenswerten Überlegungen zum Einsatz von technischen Medien im Lehr-Lernprozess waren behavioristisch gefärbt und werden als Programmierte Instruktion (vgl. Callender 1969) bezeichnet. Behavioristische Ansätze (vgl. Skinner 1974) legen ihren Fokus auf beobachtbares Verhalten sowie dessen Konsequenzen und postulieren den wesentlichen Mechanismus zur Steuerung des Ver-

---

12 Vgl. Swertz (in im Druck) und Meder 2004.

haltens Lernender in der intermittierenden Verstärkung, also in der unregelmäßigen Bekräftigung des erwünschten Verhaltens mittels eines Verstärkers.

Kontrastierend dazu entwickelte sich ein kybernetischer Ansatz (Cube 1965), indem der Lernprozess als Austausch von Informationen zwischen Lern- und Lehrsystem gefasst wird. In diesem Sinne rückt die didaktische Präsentation von Informationen in den Vordergrund und wird als Schlüssel zur Optimierung des Informationsaustausches und zur effizienten Speicherung der Lerninhalte durch den Lernenden aufgefasst. Sowohl die behavioristischen wie auch die kybernetischen Ansätze erweisen sich im mediengestützten Lernvollzug als problematisch (vgl. Kerres 2001). Weder wird der Lernvollzug nachweislich optimiert, noch erreichte das Modell der Programmierten Instruktion Akzeptanz bei den Lernenden und Lehrenden.

Um Einblick in die internen Prozesse der Lernvollzüge zu erlangen, entwickelten sich in den siebziger und achtziger Jahren des letzten Jahrhunderts kognitive Ansätze, welche das Ziel verfolgten „adaptive Systeme zu entwickeln, die sich wesentlich besser auf den Lernfortschritt einstellen" (Kerres 2001: 65). Der Kognitivismus setzt an die Stelle des Reiz-Reaktions-Modells des Behaviorismus ein Modell, das die aktive Konstruktionsleistung des menschlichen Organismus würdigt, der die Informationsverarbeitung weitgehend beeinflusst. Der Fokus liegt demnach auf den kognitiven Operationen der Lernenden und den jeweils nötigen Lehr- Lerninhalten, um dauerhaftes Speichern von Information zu ermöglichen. In diesem Sinne werden in gegenwärtigen Ansätzen taxonomische Modelle entworfen, in denen Wissenstypen mit kognitiven Prozessen verbunden werden (vgl. Anderson & Krathwohl 2001, Clark & Mayer, 2003). Die entworfenen Wissenstypen werden in höhere und untere Wissensarten kategorisiert und dem kognitiven Vermögen, den entsprechenden Operationen und den nötigen Unterrichtszielen angepasst. Die Konzeption des Lernvollzugs wird vom gewünschten Resultat bestimmt und im Sinne der erwartbaren kognitiven Leistungen festgelegt. Obwohl die kognitionspsychologische Forschung interessante Ergebnisse und Modelle zum Lernvollzug präsentiert, bleibt die Ableitung von der Modellierung der kognitiven Leistung des Menschen auf spezifische didaktische Ziele hin fragwürdig. Darüber hinaus kam es zu mehrfacher Kritik an der Reduktion menschlichen Wissens und Handelns auf kognitive Informationsverarbeitung und der daraus resultierenden Ausblendung von sozialen, emotionalen und leiblichen Aspekten des Lernens.

Seit den neunziger Jahren hat mehrfach ein konstruktivistischer Zugang den kognitivistischen abgelöst und Einzug in didaktische Designs gefunden. Den unterschiedlichen Ansätzen scheint gemeinsam, dass nicht mehr von einem linearen Aneignungs-Austauschprozess ausgegangen wird, sondern dass viable (gangbare) Wissensinhalte durch Perturbation (Störung) und strukturelle Koppelung (Systemanpassung) ständig neu konstruiert und situiert werden (vgl. Siebert 2003 und Huschke-Rhein 1999). Die Perturbation des Lernsystems kann dazu führen, dass eine neue Bedingung hinzugefügt werden muss, welche den Zustand des Systems transformiert oder ein neues Schema bildet (Akkomodation). Lernen findet nach diesem Modell dann statt, wenn ein Ereignis nicht dem erwarteten Resultat entspricht, wobei die daraus resultierende Perturbation zu einer Akkomodation des Lernsystems führt, die das Gleichgewicht wiederherstellt. Lernen bedeutet aus einer konstruktivistischen Perspektive, Wissen aktiv anzuwenden und zu entwickeln, indem der Lernende auf vorhandene Erfahrungen aufbaut und neues Wissen generiert. In Hinblick auf den mediengestützten Lernvollzug zeigt sich die konstruktivistische Herangehensweise als wenig präzise und nur schwer überblickbar (vgl. Kerres 2001, Hoops 1996). So zeigten Analysen (vgl. Hoops, 1996), dass bei der freier Medienwahl – die in einem konstruktivistischem Lernverständnis entscheidend scheint – nicht didaktische Überlegungen im Vordergrund stehen, sondern jenes Medium präferiert wird, das den geringsten kognitiven Aufwand verheißt.[13]

Während die unterschiedlichen Ansätze zum menschlichen Lernen an differenten wissenschaftlichen Paradigmen anschließen, die wiederum erhebliche Konsequenzen für die Deutung des medialen Lehr-Lernprozesses haben, ähneln sie sich in einem wesentlichen Bestandteil: im Ziel der Effizienzsteigerung. Die-

se teleologische Haltung wird gestärkt durch die Vorstellung, dass Medien das Lernen von Wissensinhalten erleichtern. Gleichgültig ob durch Verstärkung (Behaviorismus), durch optimierten Informationsaustausch (Kybernetik), durch adaptive Systeme (Kognitionstheorie), durch Perturbation und strukturelle Koppelung (Konstruktivismus) – immer geht es darum, Wissensinhalte möglichst effektiv im Lernenden zu verankern. Während die Lerntheorien einen methodischen und erkenntnistheoretischen Wandel vollzogen, blieb die grundsätzliche Intention, den Lernerfolg zu erhöhen und mit Modellen zu dokumentieren, unverändert. Um die Problematik dieses Anspruchs zu verdeutlichen, der tatsächlich den meisten

---

13 Dass neben diesen didaktischen Problemen eine Reihe von erkenntnistheoretischen Schwierigkeiten in der Umsetzung des Konstruktivismus in die Praxis des Lehrens und Lernens deutlich werden, soll hier nicht näher ausgeführt werden. Es soll jedoch an dieser Stelle auf den Vorwurf von Ewald Terhart hingewiesen werden: „Denn der ‚wirkliche radikale' Konstruktivismus würde didaktisches Denken und Handeln letztendlich sachlich unmöglich sowie moralisch illegitim und insofern vollkommen überflüssig machen" (Terhart 1999: 638).

Lerntheorien zu Grunde liegt und somit auch den Einsatz von Medien im Lehr-Lernprozess bestimmt, möchte ich einen Gedanken ins Spiel bringen, der verdeutlichen soll, in welche Richtung sich ein solch teleologisches Denken bewegt: Wissen auf Knopfdruck.[14] Im Sinne des Lehr-Lernprozesses könnte dieses Bild mit einem aus dem Behaviorismus stammenden Begriff paraphrasiert werden: dem pawlowschen Schüler![15]

Kaum ein Lehrer oder eine Lehrerin wird sich befürwortend für die Methodik der Indoktrination, der Manipulation oder der Konditionierung im Unterricht aussprechen. Die Phantasie eines pawlowschen Schülers, der durch gewisse Tricks konditioniert, beim Klingeln einer Glocke sämtliches gelernte Wissen, wie in einem geistigen Speichelerguss, aufsagt, erscheint unmenschlich. Aber ist nicht der Gedanke an den pawlowschen Schüler eben jene Vorstellung, die das Ziel der totalen Effizienzsteigerung im Lehr-Lernprozess pointiert? Wenn wir das Zitat von Muth in Erinnerung rufen, dass der Grund für den Einsatz von Medien im Unterricht in der Effizienzsteigerung von Lernen und in einem erhöhten Lernerfolg liegt (vgl. Muth 1978: 35 in Kerres 2001: 103), wäre nicht der pawlowsche Schüler jener, der am effizientesten und effektivsten lernt? Wenn Medien im Lehr-Lernprozess vielfach deswegen ihren Einsatz finden, um den Lernerfolg zu steigern, Zeit zu sparen und die Effizienz des Lernenden zu erhöhen, dann kann die Phantasie des pawlowschen Schülers das angestrebte Resultat eines solchen Lernverständnisses verdeutlichen. Dass ein solcher Schüler den Umweg über selbstständiges Denken, Urteilen und Verstehen nicht mehr wagt und dass er nicht die Möglichkeit hat, Lerninhalte auf ihren apodiktischen Charakter zu hinterfragen ist nachvollziehbar. Bei dem Schüler, der im Stile des pawlowschen Hundes zum Lernen und Reproduzieren von Wissen konditioniert wurde, ist der Bruch zwischen dem Lehren und dem Lernen nivelliert – nämlich nicht mehr existent. Erfreulicher Weise ist dieser Gedanke in der Praxis (noch) nicht umsetzbar. Er verdeutlicht aber den problematischen Anspruch an den mediengestützten Lehr- Lernvollzug, den „Bindestrich" zwischen dem Lehren und dem Lernen zu überwinden. Dass diese Intention Momente der Indoktrination beinhaltet, soll nun abschließend verdeutlicht werden.

---

14 Dieser Gedanke soll durch das Bild von Laurent Courau in Abbildung 3 verdeutlicht werden. Die Abbildung zeigt ein Paar, dessen Kopf durch einen Computer ersetzt wurde. Erfahrungen und Wissen werden somit via Knopfdruck abrufbar und überprüfbar.

15 In diesem Absatz wird die männliche Form „Pawlowscher Schüler" verwendet; sie schließt freilich Schülerinnen ein.

5 Lehr-Lernprozess oder Lehr(Bindestrich)Lernprozess

Während die Wortkombination „Lehr-Lernprozess" die Phänomene des Lehrens und Lernens terminologisch durch einen Bindestrich trennt, werden diese im alltagssprachlichen wie auch im wissenschaftlichen Diskurs oft synonym verwendet werden. Der Spalt zwischen dem Prozess des Lehrens und jenem des Lernens wird hierbei als lästige Begleiterscheinung nivelliert, den es im Sinne der Effizienzsteigerung zu übergehen gilt. Dass dieser schmale Spalt so schmal nicht ist, kann sowohl aus der eigenen Erfahrung als auch an einer Vielzahl von bildungs- und erziehungswissenschaftlichen Analysen nachvollzogen werden.[16] Die Differenz zwischen dem Lehren von „Etwas" und dem Lernen von (eben) „Diesem" ist ein wesentlicher Bestandteil des Lehrens und des Lernens. Wenn im mediengestützten Lehren versucht wird, diese Differenz möglichst effektiv und effizient zu nivellieren oder sie gar zu ignorieren, dann verkürzt man dabei einen konstitutiven Moment des Lernvollzugs. Die Konfrontation mit der Widerständigkeit des Lernenden am zu lernenden Wissensinhalt, aber auch an der Person des Lehrenden sind zentrale Momente im Lernvollzug, die dessen Gelingen oder Scheitern mitbestimmen.[17] Die „Empfänglichkeit für die Antwort des Anderen" ist für die Phänomenologin Käte Meyer-Drawe „die Bedingung der Möglichkeit des Lernens von anderen – sowohl für den Lernenden als auch für den Lehrenden" (Meyer-Drawe 1996: 97f.). Der Lernprozess wird flüchtig, diskontinuierlich und offen und spielt sich in einem Spannungsfeld zwischen dem Lernenden und seiner Umwelt ab. Der Bindestrich im Lehr-Lernprozess markiert also keine lästige Hürde, sondern ist ein wesentlicher Bestandteil dieses Vollzuges, der nicht nivelliert werden sollte.

Indem im mediengestützten Lehr-Lernvollzug der Anspruch geltend gemacht wird, den Bindestrich zwischen dem Lehren und dem Lernen möglichst effizient zu übergehen, wird der Lernvollzug wesentlich instrumentalisiert und verkürzt. Wenn versucht wird, die Widerständigkeit des Lernenden zu eliminieren, dann wird das selbstständige Denken, Urteilen und Verstehen des Lernenden übergangen. Der Raum für mögliche Distanzierung und Kritik wird beschränkt und Inhalte werden somit unhinterfragbar „eingeprägt". Wenn der Medieneinsatz primär in der Effizienz- und Effektivitätssteigerung des Lernens sein Ziel hat und die Struktur von Medien nutzt (vgl. Platon), um (Schein)Wissen, ohne die Er-

---

16 Hiermit ist nicht gemeint, dass Lehren und Lernen in keiner Beziehung stünden. Vielmehr lebt die Möglichkeit jedweder Pädagogik von eben jener Differenz. Es soll nur darauf hingewiesen werden, dass es die Lernenden sind, die lernen und die Lehrenden die Lehren und das beides keineswegs identisch ist, sondern zwischen beidem mehr oder weniger enge Relationen bestehen.

17 Dieser interessante Ansatz kann hier nicht weiter ausgeführt werden (ausführlicher dazu u.a.: Buck 1989, Meyer-Drawe 1982 und 1996, Mitgutsch 2003, Oser 2005).

möglichung zur Distanzierung oder Kritik, intentional „einzuprägen", dann ist in diesem Anspruch Indoktrination im Spiel. Die moderne Form der medialen Indoktrination bezieht sich auf eine ideologisch motivierte Überwindung der Kluft zwischen dem Lehren und Lernen. Um das Phantom der Indoktrination tatsächlich als historisch archivieren zu können, gilt es den indoktrinären Anspruch des mediengestützten Lernens aufzudecken und zu problematisieren. Indem Medien im Lehr-Lernprozess unter dem Anspruch „besseren Lernergebnissen (...) bei gegenüber bisherigen Verfahren reduzierten Kosten" (Kerres 2003: 3) ihren Einsatz finden, wird die wesentliche Differenz der Phänomene des Lehrens und Lernens verwischt. Die Intention, den Bindestrich im Lehr-Lernprozess zu nivellieren oder zu ignorieren, impliziert eine Vielzahl indoktrinärer Momente. Besonders im Anspruch an Medien, den Lernvollzug effizient zu instrumentalisieren und Widerständiges zu nivellieren, werden die Konturen jenes Phantoms deutlich, das wir der Vergangenheit zuzurechnen geneigt sind. Im Sinne eines anti-indoktrinären Unterrichts muss die Widerständigkeit des Lernenden berücksichtigt werden, um diesem eine problematisierende Haltung und Reflexion zu ermöglichen und damit Raum zur Überprüfung von dogmatischen und apodiktischen Wissensinhalten zu geben. Indoktrination, so die abschließende These, ist somit kein Phantom der Vergangenheit, sondern sie hat auch in aktuelle Lehr-Lernprozesse Einlass gefunden.

Hiermit sei freilich kein prinzipielles Verdikt über mediengestützte Lehr-Lernprozesse gesprochen. Es soll allerdings auf spezifische Gefahren aufmerksam gemacht werden, die diesem Medieneinsatz inhärent sind. Insofern gilt auch, dass der Einsatz von und der Anspruch an Medien im Lehr-Lernprozess reflektiert werden muss.[18] Wenn Medien zur Unterstützung des Lehr-Lernprozesses ihren Einsatz finden, dann nicht um die Differenzen zwischen dem Lehren und dem Lernen instrumentalisiert zu nivellieren, sondern um den Lernenden und den Lehrenden an die Grenzen ihres Vermittlungsprozesses, aber auch ihres Wissens und Könnens, zu führen. Diese Grenzführung ist durchaus prekär, ermöglicht aber einen offenen Austausch und vermeidet indoktrinäre Momente im Vollzug des Lehrens und Lernens.

Literatur

Anders, Günther (2002): Die Antiquiertheit des Menschen. Über die Seele im Zeitalter der zweiten industriellen Revolution. Band I. München: Verlag C. H. Beck.

---

18 So z.B. die DVD „Der Mauerbau im Geschichtsunterricht der DDR", die eine Unterrichtsaufzeichnung einer indoktrinierenden Schulstunde aus der DDR zum Gegenstand eines problematisierenden Unterrichtskonzepts der Gegenwart macht (vgl. dazu Schluß 2006 in diesem Band).

Anderson, Lorin W./Krathwohl, David R. (Hrsg.) (2001): A Taxonomy For Learning, Teaching, And Assessing: A Revision of Bloom's Taxonomy of Educational Objectives. New York: Addison Wesley Longman.

Apelt, Otto (1988): Platon. Menon. Oder über die Tugend. Leipzig: Felix Meiner Verlag

Bauman, Zygmunt (1992): Moderne und Ambivalenz – Das Ende der Eindeutigkeit. Hamburg: Junius Verlag.

Böhm, Winfried (2000): Wörterbuch der Pädagogik. Stuttgart: Kröner.

Böhm, Winfried/Oelkers, Jürgen (1995): Reformpädagogik kontrovers. (=Erziehung, Schule, Gesellschaft, 3). Würzburg: Ergon Verlag.

Borrelli, Michele/Ruhloff, Jörg (Hrsg.) (1996): Deutsche Gegenwartspädagogik, Bd. 2. Baltmannsweiler: Schneider Verl. Hohengehren.

Buck, Günther (1989): Lernen und Erfahrung – Epagogik: Zum Begriff der didaktischen Induktion. Darmstadt: Wissenschaftliche Buchgesellschaft.

Burger, Rudolf (2004): Kleine Geschichte der Vergangenheit. Eine pyrrhonische Skizze der historischen Vernunft. Wien, Graz: Styria Pichler Verlag.

Callender, Patricia (1969): Programmed Learning. Its development and structure. Harlow: Longmans.

Clark, R. C./Mayer, R. E. (2003): e-Learning and the Science of Instruction: Proven Guidelines for Consumers and Designers of Multimedia Learning, San Francisco, CA: Pfeiffer.

Comenius, J. A. (1978). Orbis sensualium pictus (Reprint). Dortmund: Harenberg.

Cube, Felix v. (1965): Kybernetische Grundlagen des Lernens und Lehrens. Stuttgart: Klett-Cotta.

Dichanz, Horst/Kolb, Günter (Hrsg.) (1976): Quellentexte zur Unterrichtstechnologie II. Stuttgart: Klett-Cotta.

Drewek, Peter/Horn, Klaus-Peter/Kersting, Christa/Tenorth, Heinz-Elmar (Hrsg.) (1995): Ambivalenzen der Pädagogik. Zur Bildungsgeschichte der Aufklärung und des 20. Jahrhunderts. Weinheim: Deutscher Studien Verlag.

Drewniak, Ute (1992): Lernen mit Bildern in Texten. Untersuchung zur Optimierung des Lernerfolgs bei Benutzung computerpräsentierter Texte und Bilder. Münster: Waxmann.

Duden. Fremdwörterbuch. 6. Auflage 1997.

Faßler, Manfred/Halbach, Wulf (Hrsg.) (1998): Geschichte der Medien. München: Fink/UTB.

Gagné, Richard M. (1987). Instructional technologies: foundations. Hillsdale: Lawrence Erlbaum.

Gerber, Siegmar/Debatin, Bernhard (Hrsg.) (2003): Vom digitalen Buch zum computergestützten Lernen. In: Anja Ebersbach, Richard Heigl, Thomas Schnakenberg (Hg.) (2003): Missing Link. Fragen an die Informationsgesellschaft. Schriftenreihe der Universität Regensburg, Band 28. Universitätsverlag Regensburg.

Helmer, Karl/Meder, Norbert/Meyer-Drawe, Käte/Vogel, Peter (Hrsg.) (2000): Spielräume der Vernunft. Jörg Ruhloff zum 60. Geburtstag. Würzburg: Königshausen & Neumann.

Hoops, Wiklef (1996): Konstruktivismus – ein neues Paradigma für didaktisches Design? Tübingen: DIFF.

Huschke-Rhein, Rolf (1999): Lernen, Leben, Überleben – Die Schule als ‚Lernsystem' und das ‚Lernen fürs Leben' aus der Perspektive systemisch-konstruktivistischer Lernkonzepte. In: Voß (1999): 33-55.

Keil-Slawik, Reinhard/Kerres, Michael (Hrsg.) (2003): Education Quality Forum. Wirkungen und Wirksamkeit neuer Medien. Münster: Waxmann.

Kerres, Michael (2001): Multimedial und telemediale Lernumgebungen. Konzeption und Entwicklung. München: R. Oldenburg.

Kerres, Michael (2003): Wirkung und Wirksamkeit neuer Medien in der Bildung. In: Keil-Slawik/Kerres (2003).

Kloock, Daniela/Spahr, Angela (Hrsg.) (1997): Medientheorien. Eine Einführung. München: Fink.

Koch, Lutz (2000): Anmerkungen über Bildung und problematischen Vernunftgebrauch. In: Helmer/Meder/Meyer-Drawe/Vogel (2000): 194-206.

Lay, Rupert (1992): Manipulation durch die Sprache. Frankfurt/M.: Ullstein.

Lenzen, Dieter (Hrsg.) (1989): Pädagogische Grundbegriffe. Band 1. Hamburg: Reinbek.

Levie, W. Howard/Lentz, Richard (1982): Effects of Text Illustrations: A Review of the Research. Educational Communication and Technology Journal 30 (Winter 1982): 195–232.

Levin, Joel R./Anglin, Gary J./Carney, Russell N. (1987): On empirically validating functions of pictures in prose. In: Dale/Houghton (1987): 51-85.

Matussek, Peter (1998): Hypomnemata und Hypermedia. Erinnerung im Medienwechsel: die platonische Dialogtechnik und ihre digitalen Amplifikationen. In: Deutsche Vierteljahrsschrift für Literaturwissenschaft und Geistesgeschichte, Sonderheft 1998: „Medien des Gedächtnisses": 264–278.

Meder, Norbert (2004): Der postmoderne Mensch oder das Bildungsideal im Zeitalter der neuen Technologien. Würzburg: Königshausen & Neumann.

Meyer-Drawe, Käte (1982): Lernen als Umlernen. Zur Negativität des Lernprozesses, in: Meyer-Drawe/Lippitz (1982): Lernen und seine Horizonte. Königstein: 19-41.

Meyer-Drawe, Käte (1996): Vom anderen Lernen. Phänomenologische Betrachtungen in der Pädagogik. In: Borrelli/Ruhloff (1996): 85-98.

Meyer-Drawe, Käte/Lippitz, Wilfried (Hrsg.) (1982): Lernen und seine Horizonte. Königstein: Scriptor.

Mitgutsch, Konstantin (2003): Lernen und Negativität. Die Produktivität der Negativität von Erfahrung und das Phänomen des Um-lernens im Vollzug des Lernens. Wien: Unveröffentlichte Diplomarbeit.

Müller, Walter (1995): 'Ver-Steiner-te' Reformpädagogik oder: ist die Waldorfschule trotz Anthroposophie eine gute Schule? In: Böhm/Oelkers (1995): 105-125.

Oser, Fritz/Spychiger, Maria (2005): Lernen ist schmerzhaft. Zur Theorie des Negativen Wissens und zur Praxis der Fehlerkultur. Weinheim [u.a.]: Beltz.

Popper, Karl (1982): Logik der Forschung. Tübingen: Mohr (7. Auflage).

Reboul, Oliver (1979): Indoktrination. Olten: Walter Verlag.

Salomon, Geßner (1976): Können wir kognitive Fähigkeiten durch visuelle Medien beeinflussen? Eine Hypothese und erste Befunde. In: Dichanz/Kolb (1976): 44-67.

Salomon, Geßner (1979): Interaction of media, cognition, and learning. San Francisco: Jossey-Bass.

Schluß, Henning (2005): Ein Vorschlag, Umfang und Grenze der Kindertheologie anhand eines systematischen Leitgedankens zu entwickeln. In: Zeitschrift für Pädagogik und Theologie, 1/2005: 23 – 35.
Siebert, Horst (2003): Lehren und Lernen konstruktivistisch. In: Keil-Slawik/Kerres, Michael (2003): 69 – 84.
Skinner, Burrhus Frederic (1974): About behaviourism. New York: Alfred Knopf.
Snook, Ivan Augustine (1972): Indoctrination and education. London: Routledge & K. Paul.
Stroß, Annette M. (1989): Indoktrination. In: Lenzen (1989): 722 – 726.
Stroß, Annette M. (1994): Erziehung und Indoktrination. Leistung, Begründbarkeit und Stellenwert einer Unterscheidung. In: (Horn, Klaus-Peter/Wigger, Lothar (1994): Systematiken und Klassifikationen in der Erziehungswissenschaft. Weinheim: Deutscher Studienverlag.
Swertz, Christian: Mediale Reflexivität (im Druck) www.swertz.at
Tenorth, Heinz-Elmar (1995): Grenzen der Indoktrination. In: Drewek (1995): 335 – 350.
Terhart, Ewald (1999): Konstruktivismus und Unterricht. Gibt es einen neuen Ansatz in der Allgemeinen Didaktik? In: Zeitschrift für Pädagogik Jg. 45, H. 5: 629 – 647.
Voß, Reinhard (Hrsg.) (1999): Die Schule neu erfinden. Systemisch-konstruktivistische Annäherung an Schule und Pädagogik. Neuwied: Luchterhand.
Willows, Dale/Houghton, Harvey (Hrsg.) (1987): The Psychology of Illustration. Vol. 1: Basic Research. New York: Springer.
Zacharias, Wolfgang (1999): Hartmut von Hentig und Dieter Baacke im Gespräch. „Mediengenerationen, Lebenswelten und pädagogisches handeln" – Ein nachträglicher Bericht. In: Zacharias, Wolfgang: Interaktiv. Medienökologie zwischen Sinnenreich und Cyberspace. Neue multimediale Spiel- und Lernwelten für Kinder und Jugendliche. München: KoPäd Verlag: 286-307.
http://www.emerco.de/resources/platon/phaidros [Zugriff: 21.06.2006]
http://www.filmtexte.de [Zugriff: 21.06.2006]
http://www.uni-saarland.de/fak4/fr41/lohmeier//onlinetexte/filmreihe.html#1 [Zugriff: 21.06.2006]

Abbildungen

Abbildung 1: Filmplakat „Triumph des Willens" von Leni Riefenstahl; Deutschland 1934/1935, Dokumentarfilm; Quelle: Illustrierter Film-Kurier; Nr. 2302, 1935. Entwurf: Herbst.; www.fimportal.de. [Zugriff: 21.06.2006]
Abbildung 2: „Micro Thot" Gianni Manetti: Acryl auf Holz (63 x 73 cm), Quelle: http://www.nardinirestauro.it/ristoro/interferenze/index_interferenze.htm [Zugriff: 21.06.2006]
Abbildung 3: Laurent Courau „Titel unbekannt", [Zugriff: 21.06.2006], Quelle: http://www.laspirale.org/pages/galerie/courau/images/img10.jpg

Habitualisierung und Indoktrination – Die Zucht des Körpers als Erziehungsmittel

Antje Stache

Indoktrination ist ein Kampfbegriff. Er schließt eine pejorative Zuschreibung ein. Es gibt keine „gute" Indoktrination. Im Kontext der Erziehung steht Indoktrination einer *Erziehung zur Selbstbestimmung* diametral entgegen. Indoktrination hat klare Zwecksetzungen: eine Doktrin, eine Lehrmeinung, wird Schülern – und zu Erziehenden – ohne Möglichkeit zur eigenen Meinungsbildung und Kritik vermittelt. Der Geltungsanspruch der Doktrin bleibt, wenn Indoktrination vorliegt, undiskutiert.

Die Körpererziehung steht in diesem Zusammenhang im Verdacht, einer Indoktrination geschickt zuarbeiten zu können. Auf manipulative, nichtdiskursive Weise, durch Gewöhnung, Übung und häufige Wiederholungen, kann sie Erziehungsziele verfolgen, die dem Zögling verborgen bleiben. Durch den Vollzug und das intensive Erleben der Körperübungen – so die Überlegung – werden Haltungen und Stimmungen beim Schüler hervorgebracht und habitualisiert. Der Zögling ist, ohne sich entziehen zu können, dieser erzieherischen Einwirkung ausgesetzt, deren Wertmaßstäbe und Normsetzungen er nicht reflektieren und denen er sich damit ebenfalls nicht entziehen kann. Insbesondere die *Formationserziehung* (vgl. dazu u.a. Alkemeyer 1996, Herrmann 1993, Scholtz 1985) im Dritten Reich ist ein anschauliches Beispiel für den Versuch, politische Ideen wirksam durch gemeinschaftliche Körperübungen zu verbreiten. Die Gleichschaltung und der Zusammenschluss der Individuen gestaffelt von kleinen *Rotten* oder *Mannschaften*, über riesige Verbände, bis hin zu einem *Volkskörper* zielte auf das reibungslose Funktionieren der Menschen in der Diktatur.

Die körperpädagogische Praxis in der NS-Zeit wurde durch Texte von Alfred Bäumler und Ernst Krieck theoretisch unterfüttert und begründet. Der Körper wird darin offen in den Dienst der entstehenden nationalsozialistischen Ideologie gestellt. Gerade in den Texten Kriecks sprach sich eine theoretische Konzeption des Menschen aus, die das Irrationale zur Maxime erhob, um daraus Überzeugungskraft zu gewinnen. Mit Hilfe eines metaphorischen, thetischen Verfahrens in der Darstellung unterwirft Krieck die individuelle Körperlichkeit des Menschen dem allgemeinen Anspruch der Gemeinschaft. Es liegt hier eine Auffassung von Erziehung vor, die zwar die Körperlichkeit des Menschen in den Mittelpunkt der theoretischen Ausführungen stellt, ihr also eine hohe Bedeutung zumisst, gleichzeitig jedoch auf einem unkritischen Körperbegriff beruht. Indoktrination, so die erste Hypothese des Beitrages, ist in dieser Konzeption ein zwingendes Resultat, sie ist in der Argumentation Kriecks bereits enthalten.

In einem zweiten Teil möchte ich exemplarisch die Schwierigkeiten diskutieren, die im methodischen Zugang zum Körper in der Pädagogik liegen. Ansätze zur Entwicklung einer solchen Fragestellung lassen sich bereits bei Johann Friedrich Herbart nachweisen. Es handelt sich hierbei um den Versuch, den „gelehrigen Körper" (vgl. Foucault 1976) in einem emanzipativen Konzept zu denken und die Bedingungen der Möglichkeit von Körperbildung auszuweisen. Auch bei Herbart bleiben die erzieherischen Machtansprüche in Bezug auf den Körper letztendlich unreflektiert. Hier zeigt sich die Ambivalenz eines zwar emanzipativen, gleichwohl aber auch Ideologisierungen folgenden pädagogischen Denkens. Anhand der Herbartschen Konzeption lassen sich jedoch Unterscheidungen aufzeigen, die für eine kritische Körperpädagogik wegweisend sein können. Die „Zucht" des Körpers nimmt in Herbarts Erziehungskonzeption eine zentrale Stelle ein. Neben „Regierung" und „Unterricht" ist sie die dritte praktische Erziehungsmaßnahme, die die *Verfestigung des Charakters* durch Gewohnheit beschreibt. Die *Gelehrigkeit des Körpers* soll sich der Erzieher nach Herbart zunutze machen und Sittlichkeit bewirken.

1 „Menschenformung" – irrationale Körpererziehung bei Ernst Krieck

Ernst Krieck war ein einflussreicher Hochschullehrer und Rektor, der vor allem bis 1936 die Entwicklung der nationalsozialistischen Erziehung im Deutschen Reich maßgeblich beeinflusste. Er buhlte mit Alfred Rosenberg, dem Chefideologen der Nazis, um den Alleinvertretungsanspruch einer 'nationalsozialistischen Philosophie'. Dass er durch Rosenberg bereits vor Kriegsausbruch innerparteilich kaltgestellt wurde, nutzte er nach Kriegsende, um – trotz fortgesetzter nationalsozialistischer Ideologisierung und gesteigerter Publikationstätigkeit bis 1945 – seine Entnazifizierung zu erreichen, die ihm unbestätigten Quellen zufolge auch gelang, bevor er 1947 im Internierungslager Moosburg verstarb.

Für die nationalsozialistische Erziehungskonzeption Kriecks ist ein Begriff von Erziehung grundlegend, der die tradierte pädagogische Grundsituation: Erzieher und Zögling ablehnt, und stattdessen die Begriffe *Gemeinschaft* und *Leben* in den Mittelpunkt rückt. Kriecks „Menschenformung" mit dem Untertitel „Grundzüge der vergleichenden Erziehungswissenschaft" – in der zweiten Auflage 1933 erschienen – betrachtet den Menschen als ein formbares Wesen, das in Abhängigkeit von der Umwelt seine Anlagen entwickelt. Entscheidend in dieser Umwelt ist die Gemeinschaft. Konstitutiv für die Gemeinschaft ist ein gestaffeltes System von Gruppen, zu denen u. a. die Geschlechtsverbände, die Altersklassen, die Männerbünde gehören. Dieses System heißt bei Krieck das Zuchtsystem. Es beschreibt das Vorhandensein von objektiven Lebensordnungen, die für die Bildung und die Erziehung selbstregulativ konstitutiv sind. Innerhalb derselben Ordnung, so Krieck, käme es zur Anähnelung der Menschen, zur Ausformung eines Menschentyps. Dieser Typ folgt einem typenbildenden Prinzip, einem Ideal, das durch einen mit Schöpferkraft versehenen Menschen erzeugt wurde.

Erziehung als Zucht nimmt Krieck als typenbildende Leistung wahr und reduziert sie gleichzeitig darauf. Die neuen Mitglieder der Gemeinschaft – die nachwachsende Generation – werden zu „individuellen Verkörperungen" des „objektiven Geistes", so Krieck. Die Leibkonzeption Kriecks ist in diese Vorstellung von menschlichen Gestalten, die durch die Verflechtung ihrer jeweiligen Bewusstseine einen Typus bilden, eingelassen. Die Körper sind miteinander verbunden, stehen nicht solipsistisch nebeneinander. Den Leib konstruiert Krieck als eine doppelte Funktion des Bewusstseins, die das „Außen" der Dingwelt mit der Innenwelt in Übereinstimmung bringt. Der Körper ist, ausgehend von der Wahrnehmung und den Sinnesqualitäten, „Bezugskörper", das „Maß- und Bezugsystem für die Welt der Dinge und der Bewegungen" (vgl. Krieck 1925 zum Bewusstsein: 72ff.; 78). Das Gehör sei dabei von entscheidender Bedeutung, es ist der (Gemeinschafts-)Sinn, der die nicht dinghafte geistige Beziehung zwischen den Menschen über Sprache und Musik schafft – eine Überlegung, die Krieck später in seiner musischen Erziehung, die Formationserziehung ist, darlegt. Krieck deutet ebenfalls die Vernunft sensualistisch, das Vermögen der Begriffsbildung wird dabei nicht an die Wahrnehmung der Materialität der Dingwelt gebunden, sondern an das „Vernehmen der Sprache". Sein antidualistisches Konzept betont die unmittelbare, quasi-natürliche Verbundenheit der Menschen gleichen Typs. Ausbuchstabiert bereitet diese Vorstellung die Idee der *Rasse* vor. Für die funktionale Erziehung, begriffen als Habitualisierung, wird der Körper oder der Leib als für die Gemeinschaft dienstbar und grundlegend konzipiert.

Zucht und Bildung, sind bei Krieck Gleichschaltungsmechanismen, die die Angleichung des Besonderen, das Einfügen der Individualität in ein „höheres Ganzes" sichern (vgl. Krieck 1933: 5). Krieck entwirft ein Erklärungssystem, das, bei Habitualisierungen und Prozessen der Verleiblichung ansetzend, die gemeinschaftliche Ordnung zum Träger und bestimmenden Faktor der Entwicklung des Einzelnen macht. Die gesamte Lebensführung wird dabei in ihrer Regelmäßigkeit ausschlaggebend für die Zucht.

Schon die mit der Geburt beginnende methodische Rhythmisierung der Nahrungsaufnahme und der Entleerung, des Schlafens und Wachens, der Reinigung bildet die Grundlage leiblicher und seelischer Entwicklung, der Gesundheit und Kraftsteigerung, soweit sie der rationalen Gestaltung überhaupt zugänglich sind (Krieck 1933: 361).

Der Rhythmus schafft die Gewohnheit, und Gewohnheit schließt die Gewöhnung abweichender Art notwendig aus. Endlich wird, gemäß der Zweiseitigkeit des Lebens, auch die passive, vegetative Seite der entsprechenden Rhythmisierung unterworfen: der Güterverbrauch, der Genuß, der Geschmack, die Sinnesart und der Sinnesgebrauch, die Erkenntnis- und Redeweise, das Triebleben werden im Dienst des Ziels normiert und geformt. [...] Das normgemäße Verhalten, die typische Art, auf Reize und Motive zu reagieren, macht den sittlichen Charakter des Menschen aus (Krieck 1933: 362).

Zucht als Erziehung ist also kurz gesagt Anpassung an das Faktische, das zur Norm wird. Diese Anpassung sichere den Anschluss an das Leben, und unterlaufe Entfremdungstendenzen, die, wo sie auftreten, Ausdruck einer chaotischen und ungerichteten, ziel- und wahllosen Entwicklung der Gesellschaft im kulturellen Endstadium sind. Der Rhythmus der Lebensvollzüge wird zum wohlmeinenden Schicksal, in das die Menschen hineingeboren werden und dem entsprechend ihre Formung geschieht. Diese Formung erklärt Krieck nicht eigens, er weist ihr mystische Züge zu, versteht sie ganzheitlich als Seelen- und Körperformung und Körperwachstum. Der Zusammenhang von Individuum und Gemeinschaft verliert sich dabei im Dunkel der Metaphern, die die organische Geschlossenheit und Harmonie der beiden sich in Wechselwirkung befindlichen Pole suggerieren.

Kriecks Konzeption ist vor dem Hintergrund der zwanziger Jahre zu lesen. Sie ist auf der einen Seite geprägt durch die Lebensreformbewegung, die sich innerhalb der Pädagogik als Reformpädagogik gegen die „Sitzschule" wendet, andererseits spricht aus dem Text erhebliche Provinzialität und Verunsicherung, die die „Sinnlosigkeit und Verödung des Kulturbetriebes" – der bloß Wertekompensation durch „Spektakel und Tamtam" betreibe – genauso beklagt, wie den „Großväterhausrat" und „die Anarchie und Zersetzung der Gesellschaft" (vgl. Krieck 1933: 370). Seine Konzeptionen richten sich insbesondere gegen die rationalistische Philosophie, den deutschen Idealismus und die Pädagogik seiner Zeit, die er bei Herbart begründet sieht. Insbesondere in der „Philosophie der Erziehung" von 1925 sind Technik-, Rationalisierungs- und Kapitalismuskritik Ausgangspunkte der Überlegungen. Dagegen setzt er eine Strategie und Terminologie, die sich an ganzheitlichen, organischen und organologischen Theoremen orientiert. Seine Texte sind Ausdruck eines unklaren Methodenbewusstseins. Er bedient sich undifferenziert bei verschiedenen Wissenschaftsdisziplinen und begründet dieses Vorgehen mit dem einheitsstiftenden „Urgeist", der seine Texte als irrationales Moment durchzieht. Er schreibt:

Aus einem revolutionären Instinkt heraus arbeitet die nationalsozialistische Agitation vorwiegend nicht mit intellektuellen Beweisen und Argumenten, sondern mit der Urkraft des Rhythmus, der auf der Grenze alles Rationalen und Irrationalen beheimatet ist, und mit allem, was dem Rhythmus verwandt ist und seine erregende Kraft ausströmt. [...] Aus demselben Instinkt heraus arbeitet der Nationalsozialismus auch lieber mit dem Symbol und seiner eindringlichen Anschaulichkeit als mit dem rationalen Begriff: Hakenkreuz, Grußformen, Drittes Reich haben die unmittelbare, dem Unterirdischen verwandte Bewegungskraft alles Symbolischen. Man nenne das romantisch, primitiv, chaotisch – und hat recht damit (Krieck zitiert nach Herrmann 1993: 111).

Dieser „Urgeist", später als „Leben" und „All-Leben" bezeichnet, sei das bestimmende Prinzip, das allem zugrunde läge. Die Erziehung ist eine Urfunktion dieses Prinzips und als solche eingebettet in den Gesamtzusammenhang der Gemeinschaft und des Lebens. Erziehung wird auf diese Weise funktional gedacht. Sie in ihrer reinen Form aufzudecken sei Aufgabe der vergleichenden historischen Erziehungswissenschaft. Krieck reflektiert nirgendwo seine völkisch-nationale Idee von Erziehung, die seinen historischen Nachforschungen vorangeht. Somit wird seine vermeintlich deskriptive Ebene von selbst programmatisch. Er thematisiert nicht, was dem diagnostizierten Kulturverfall zugrunde liegt – und kann es durch seine Theoriekonstruktion auch gar nicht. Seine Vorstellung der Menschenformung in der Gemeinschaft lässt für Nicht-Angepasstes keinen Raum. Sein „Sozialapriori" (vgl. Prange 175) auf organologischer Grundlage stellt hierfür keine Konzepte bereit. Zusammenfassend kann festgehalten werden, dass Kriecks Potpourri aus undifferenzierten Bruchstücken ganzheitlicher und organologischer Theoriebildung den Körper für ideologisierende nazistische und rassistische Zwecke öffnet. Seine erziehungstheoretischen Schriften liefern keinen argumentativen Zugang, sie versuchen diesen geradezu systematisch zu verhindern.

2 Bildsamkeit bei Herbart

Im Gegensatz dazu entwirft J. F. Herbart 100 Jahre zuvor eine ausgefeilte und komplexe Theorie, die die Körperlichkeit des Menschen in den Erziehungsprozess einbindet und gleichzeitig Selbstbestimmung bewirken will. Dabei ist Herbart in seinem theoretischen Zugang dem Individuum verpflichtet, ohne sozialisatorische Aspekte unbeachtet zu lassen. Im Gegenteil, Herbart wird häufig als Vorläufer einer Pädagogik interpretiert, die sich gerade auf die Rolle funktionaler Elemente stützt, bedenkt man beispielsweise seine Konzeption der „ästhetischen Nötigung" oder seine Hinwendung zum Gegebenen in seiner Metaphysik, die dazu als Vorarbeit gelten kann. In Abgrenzung zur Philosophie Fichtes und Kants, der zeitgenössischen Transzendentalphilosophie, entwirft er dort eine Theorie der *unmittelbaren Empfindung als Träger allen Wissens*[1] und versteht diese als Grundlage seiner Psychologie, Ethik und Pädagogik. Aus der praktischen Erfahrung der funktionalen Erziehung schließt Herbart jedoch gerade auf die Notwendigkeit der intentionalen Erziehung. Er bewegt sich genau an der Grenzlinie zwischen prinzipieller Möglichkeit und Notwendigkeit der Erziehung, d.h. an der Grenze zwischen individuellen und allgemeinen Ansprüchen, zwischen Selbst- und Fremdbestimmung. Im Hinblick der Vermittlung dieses Konfliktes ist der Körper derjenige Ort, an dem sich individuelle und allgemeine Ansprüche realisieren. Ferner enthält Herbarts Konzeption sowohl eine Begründung sittlicher Ansprüche als auch Vorstellungen, wie diese zu bewirken seien (vgl. Herrmann 1993: 101).

Herbart hat sich nur an sehr wenigen Stellen konkret zur Körperertüchtigung oder zur Leibeserziehung geäußert. Er kommentiert die populäre Körperbetätigung seiner Zeit, das Turnen, sehr kurz: „...die Nützlichkeit des Turnens leuchtet auf dem Standpunkte des allgemeinen Verstandes vollkommen ein..." (Herbart o.J.: 344). In den 1818 erschienen Turnrezensionen polemisiert er in ungewohnt vehementer Weise gegen eine philosophische Begründung des Turnens als Erziehungsmittel. Diese Begründung erscheint ihm sogar völlig überflüssig und zu weit hergeholt. Scharf formuliert er diesbezüglich: „Alle Philosophie, am unrechten Orte angebracht, läuft Gefahr ins Lächerliche zu fallen" (ebd.). Auch wenn das Turnen für Herbart kein Anlass zu gesteigerter theoretischer Aufregung war: Der Körper oder der Leib – hier differenziert Herbart nicht – sind in seiner theoretischen Auseinandersetzung indes zentral. Diese Zentralität erschöpft sich nicht in diätetischen Maßnahmen oder praktischen Erziehungstipps, sondern sein zentraler Begriff „die Bildsamkeit" wird zugleich durch den Körper bestimmt und zwar genauer: ermöglicht und begrenzt.

Die Bildsamkeit als Erfahrungs- und Grundbegriff der Herbartschen Pädagogik hat ein anthropologisches Fundament (vgl. zu den folgenden Ausführungen insbesondere Buck 1985). Herbart denkt die prinzipielle Unbestimmtheit des Menschen *relativ* in zwei Hinsichten als durch den Körper bestimmt; und zwar zum einen unbestimmt bestimmt als Voraussetzung für jedwede Erziehung und Bildung und zum anderen in ihrer konkreten Bestimmung als eine Bestimmtheit, die das Ergebnis des Bildungs- und Erziehungsgeschehens ist. Bildsamkeit ist einerseits transzendentale und anderseits empirische Möglichkeitsbedingung für

---

1 Die Werke Herbarts werden zitiert nach: Johann Friedrich Herbart Sämtliche Werke, in chronologischer Reihenfolge (19 Bde.) hrsg. von K. Kehrbach/O. Flügel, Aalen 1964, Neudruck der Ausgabe Langensalza 1887 (= K 1-19). Vgl. hier: (1829) Allgemeine Metaphysik nebst den Anfängen der philosophischen Naturlehre. Zweiter systematischer Teil; K8: 1-388.: 59.

die pädagogische Kausalität. Sie ist zugleich manifest und flüchtig. Manifest ist sie insofern, als sie die Summe der Dispositionen darstellt, die die Möglichkeitsbedingung für zukünftiges Lernen ist; flüchtig und undeutlich ist sie, weil sie sich nicht dem pädagogischen Kausalverhältnis unterwirft. Anders ausgedrückt: Sie gibt keine Handhabe, die erzieherische Einwirkung eindeutig aufgrund dieser Dispositionen in ihren Folgen zu bestimmen.

Der Körper war für die damalige pädagogische Theoriebildung ein Problem. Im Vergleich zu heutigen Bildungstheorien, die eine Rehabilitierung des Körpers beanspruchen, ging es Herbart darum, das Geistige des Zöglings in das Zentrum der Aufmerksamkeit zu rücken. Das intellektuelle Potential des Zöglings sollte zuerst einmal erfasst werden, um es dann so optimal wie möglich erzieherisch und pädagogisch auszuschöpfen. Der Körper erscheint zunächst als das Bestimmte im unbestimmten Wandel der Bildsamkeitserfahrung. Er macht die Individualität des Zöglings aus, indem er einerseits die Bildsamkeit des Zöglings in seiner Buntscheckigkeit ermöglicht und indem er sich anderseits dieser entgegenstellt. Die Individualität und damit Verschiedenheit der Zöglinge ist für Herbart das Hauptproblem der pädagogischen Einflussnahme. Die theoretisch aufzufassende Fragestellung formuliert er im 4. Brief über die „Anwendung der Psychologie auf die Pädagogik" folgendermaßen, er fragt:

> Warum wirkt einerley Erziehung so verschieden auf Verschiedene? Worin liegt das Eigne, was sich uns meistens unabänderlich entgegenstellt? (Herbart 1831: 351).

Herbarts Ausgangspunkt ist empirisch, er beobachtet im Umgang mit den Zöglingen etwas Widerständiges. Das Ziel seiner wissenschaftlichen Bearbeitung ist es, universelle Gesetzmäßigkeiten zu formulieren, die die pädagogische Beeinflussung erfolgreich wirksam werden lassen. Er erhofft sich für dieses Anliegen argumentative Unterstützung von der modernen Psychologie und Medizin.

Der Weg führt für Herbart über die Bestimmung des Individuellen – des Körpers. Herbart kann die Individualität des Zöglings jedoch nicht an einzelnen anatomischen Bestandteilen oder physiologischen Strukturen festmachen. Darin können die Unterschiede nicht gefunden werden: Es ist zwar ein bestimmtes Herz, das schlägt und ein bestimmter Bauch, der knurrt, aber in ihrem Aufbau und ihrer Funktion, welche sie erfüllen, sind sich die Organe des Menschen sehr ähnlich. Herbart verfolgt deshalb einen systemisch-funktionalistischen Ansatz, er analysiert die *Temperamente* und die *Affekte* und versucht damit, der Verschiedenheit der *Einkörperungen der Seele* auf die Spur zu kommen, die er für die Ursache der Unterschiede hält.

> Denn gerade diejenigen Unterschiede der Anlagen, welche bald dies bald jenes einzelne Seelenvermögen recht hervorstechend für den oberflächlichen Beobachter zu

> Tage fördern, lassen sich aus reiner Psychologie gar nicht erklären; sie gehören nicht der Seele, nicht den Vorstellungen, nicht den Reihen, die sich daraus bilden, nicht den höhern Producten und Wirkungsweisen derselben (an), – sondern der Einkörperung, welcher die Seele in diesem oder jenem Individuo unterworfen ist (Herbart, 1831: 370).

Zu den Affekten heißt es, ein Ziel guter Erziehung ist es, Affektkontrolle zu leisten. Affekte stehen in direkten körperlichen Bezügen, so treibe Furcht das Blut nach innen, Zorn nach außen. Die Physiologen, so Herbart, würden die Kausalkette umgekehrt beschreiben: Wo sich das Blut nach innen treiben lässt, da wäre Furcht, wo das Herz das Blut nach außen treibt, da ist Zorn. Herbarts Auffassung gibt sich entschieden. Er plädiert für ersteres. Der Grund für seine Auffassung liegt in der Rolle des Erziehers, denn nur so bleibt für ihn das erzieherische Handeln sinnvoll zu denken. Seine pädagogisch-physiologisch-psychologische Entwicklungstheorie hält die Möglichkeiten für das pädagogische Eingreifen und Regeln offen:

> Mit dem Organismus ist ein System von Affecten gegeben, die in ihm möglich sind. [...] Gute Erziehung verspätet den Ausbruch der meisten unter ihnen. Das reifere Alter vermindert, besonders im männlichen Geschlechte, die ursprüngliche Möglichkeit derselben; dadurch daß sich die organischen Systeme der Selbstständigkeit annähern. Kommt nun eine gründliche Geistesbildung hinzu: alsdann leistet der Gedankenkreis seinen Widerstand gegen den innern Aufruhr; und es wird gewonnen, was man im engern, sittlichen Sinne Freyheit des Willens nennt. Fehlt es daran, so kommt zwar auch ein Wille zu Stande, aber nur der, welcher im Kreise der frühzeitig erregten Affecten seinen Sitz hat (Herbart 1831: 372).

In seiner Psychologie (vgl. Herbart 1824) entwickelt Herbart eine Vorstellungsmechanik, in der ein „Verdrängungswettbewerb" der Vorstellungen herrscht, mit dem Phänomene wie Vergessen, Erinnern, Ich-Vorstellung, Raum- und Zeitgefühl usw. erklärt werden. Das physiologische Hindernis P – wie Herbart alle körperlichen Abläufe, die Einfluss auf die Vorstellungsmechanik haben zusammenfasst – geht als Größe in seine Rechnungen ein, die versuchen, das Lernen und die Verfestigung des Charakters mathematisch zu erfassen.

Die praktische pädagogische Maßnahme, die Herbart in seiner „Allgemeinen Pädagogik" (vgl. Herbart 1806) vorschlägt, um die Verfestigung des Charakters – die empirische Ausformung der Sittlichkeit – systematisch zu erreichen nennt er die „Zucht". Sie sei die eigentliche Erziehung. Sie tritt neben den Unterricht, der der Erweiterung des Gedankenkreises und des Interesses dient. Sie hat den Zweck, Gewohnheiten, Fertigkeiten, Handlungen usw. habituell zu machen, im Individuum zu verankern, d. h. eine vorreflexive Basis zu schaffen, auf deren Grundlage reflexive Sittlichkeit erst möglich ist. Die Zucht wirkt auf das „Gemüth" (vgl. Herbart 1806: 111) und ihr Zweck ist Bildung. Sie weckt Begierden und bereitet ein Wollen *vor*. Sie kann Gewöhnung und Entwöhnung einschließen, soll Empfänglichkeit „bewirken" und erhalten. Mit anderen Worten, die Zucht dient dazu, die Lern- und Bildungsbereitschaft zu erreichen und zu bewahren. Das schließt motivationale Aspekte genauso ein wie hygienische und diätetische sowie alle Maßnahmen, die das Erziehungsumfeld betreffen. Die Zucht ist gekennzeichnet durch pädagogische Konsequenz und Beharrlichkeit; sie greift kontinuierlich in die Gewohnheiten des Zöglings ein.

Um das Gemeinte erziehungstheoretisch zu beschreiben, unterscheidet Herbart den objektiven vom subjektiven Charakter. Der objektive Charakter ist das Vorgefundene im Individuum, die Ausgangslage, die Summe der ungeordneten Dispositionen und Neigungen, das Temperament, die Begierden und Affekte. An ihn richte sich nach Herbart die Erziehung vordringlich. Der subjektive Charakter ist bereits das Ergebnis reflektierter Sittlichkeit, die Summe der sittlichen Regeln und allgemeinen Ansprüche, Vorsätze, Maximen und Grundsätze. Zum subjektiven Charakter will Herbart den Zögling durch die Beeinflussung des objektiven Charakters befähigen – also Freiheit aus Unfreiheit hervorbringen. Der sittlich gefestigte Charakter ermöglicht dann die Erfahrung dessen, „was er lieber wolle und was er lieber opfere, was er mehr und minder scheue...", ohne alle theoretische Überlegung, also automatisch (Herbart 1806: 92).

Das bedeutet im Resultat: Der sittliche Wille soll leiblich werden, er wird im Erziehungsprozess habituell verankert. Die Erziehung hat also, ungeschützt formuliert, das ehrgeizige Ziel, die harmonische Einheit des Zöglings durch die pädagogische Beeinflussung zweier „Entitäten" herzustellen, die miteinander vermittelt werden sollen: der subjektive, Herbart schreibt stellenweise auch nur *Charakter*, und der objektive Charakter oder die *Individualität*:

> Der Charakter äußert sich nämlich gegen die Individualität fast unvermeidlich [102] durch Kampf. Denn er ist einfach und beharrlich; sie aber sendet aus ihrer Tiefe immer andre und neue Einfälle und Begehrungen hervor; ja wenn auch ihre Activität besiegt ist, so schwächt sie noch die Vollziehung der Entschlüsse durch ihre mannigfaltige Passivität und Reizbarkeit (Herbart 1806: 33).

Die Ausgeglichenheit, die Einheit mit sich selbst, wird durch die Ansprüche herausgefordert, die die Gesellschaft an den Einzelnen hat. Diesen potentiellen Konfliktherd gilt es zu minimieren. Herbarts Konzeption steht einer indoktrinären Beeinflussung fern. Die erzieherischen Maßnahmen sind in einen gestuften Funktionszusammenhang gegliedert, der die Reflexion des Zöglings einschließt. Darüber hinaus versetzt die Unbestimmtheit der Bildsamkeitserfahrung den Erzieher in die Verantwortung der Wert- und Normbegründung.

3 Fazit

Spricht man über Körperkonzeptionen und pädagogische Theorien in einem Atemzug, ist die Geschichte der Disziplinierung das naheliegendste Phänomen. Erziehung und Körperzüchtigung scheinen unauflösbar aufeinander verwiesen zu sein. Die Bestrafungsmaßnahmen sind sprichwörtlich. In einem zweiten Zugang wird deutlich, wie der Körper als pädagogischer konstruiert wird, um allgemeine Ansprüche im Individuum vermeintlich als verborgene Indoktrination, als Manipulation zu realisieren. Die Zucht, also die Formung des Habituellen, umfasst bei Herbart einen durchschauten Aspekt seiner theoretischen Konzeption zur Erziehung. Bei Krieck wird sie aus dem klassischen Verhältnis Erzieher und Zögling herausgelöst und im Metaphernwust der Gemeinschaft und des Lebens verdunkelt. Auch wenn Herbart unkritisch bestimmte Werte und Normen voraussetzt, und davon ausgeht, die Sittlichkeit werde sich beim Zögling von selbst durch die Vorführung reiner ästhetischer Willensverhältnisse einstellen, sind dieser Theorie jedoch Differenzierungen zu entnehmen, die für eine kritische Körperpädagogik zielführend sein könnten. Herbart erhellt die „Zucht" als Erziehungsmaßnahme und formuliert ihre Inhalte aufgrund der Möglichkeitsbedingungen der Bildsamkeit. Herbart unterscheidet habituelle und reflektierte Sittlichkeit und schließt daraus auf zu unterscheidende Erziehungs- und Bildungsmaßnahmen, die den Zögling *gesellschaftstauglich* machen. Die Reflexion und damit die Verantwortung liegt auf Seiten des Erziehers, der die Inhalte der Regierung, des Unterrichts und der Zucht bestimmt.

Für eine Körperpädagogik ist festzuhalten, dass nicht jede pädagogische Beeinflussung, die auf die Körperlichkeit des Menschen zielt, sich also Habitualisierungen und Gewohnheiten, mimetischen Prozessen usw. bedient, indoktrinär oder manipulativ ist. Entscheidend bleibt die Zwecksetzung des pädagogischen Unterfangens. Es macht Sinn von Indoktrination zu sprechen, wenn Menschen für inakzeptable Ziele vereinnahmt werden und ihnen die Möglichkeit zur Selbstbestimmung entzogen wird. Eine Indoktrination und Habitualisierung zur Selbstbestimmung widerspricht dagegen dem Begriff der Indoktrination.

Literatur

Alkemeyer, Thomas (1996): Körper, Kult und Politik: Von der „Muskelreligion" Pierre de Coubertins zur Inszenierung von Macht in den Olympischen Spielen von 1936. Frankfurt a. M.: Campus.
Buck, Günther (1985): Herbarts Grundlegung der Pädagogik. Heidelberg: Carl Winter.
Foucault, Michel (1976): Überwachen und Strafen. Frankfurt a. M.: Suhrkamp.

Herbart, Johann Friedrich Sämtliche Werke, in chronologischer Reihenfolge (19 Bde.) hrsg. von K. Kehrbach/O. Flügel, Aalen 1964, Neudruck der Ausgabe Langensalza 1887 (K: 1-19).

Herbart, Johann Friedrich (1806): Allgemeine Pädagogik aus dem Zweck der Erziehung abgeleitet; K2: 1-139.

Herbart, Johann Friedrich (1824): Psychologie als Wissenschaft. Neu gegründet auf Erfahrung, Metaphysik und Mathematik. Erster synthetischer Teil; K5: 177-402.

Herbart, Johann Friedrich: Allgemeine Metaphysik nebst den Anfängen der philosophischen Naturlehre. Zweiter systematischer Teil; K8: 1-388.

Herbart, Johann Friedrich (1831): Briefe ueber die Anwendung der Psychologie auf die Paedagogik; K 9: 339-430.

Herbart, Johann Friedrich (o. J.): Rezension zu GutsMuths u. a. K13: 340-351.

Herrmann, Ulrich (1993): Formationserziehung. In: Zeitschrift für Pädagogik, 31. Beiheft, hrsg. von Ulrich Herrmann und Ulrich Nassen, Weinheim/Basel: Beltz: 101-112.

Krieck, Ernst (1925): Philosophie der Erziehung. Jena: Eugen Dietrichs.

Krieck, Ernst (1933): Menschenformung: Grundzüge der vergleichenden Erziehungswissenschaft. 2. Auflage, Leipzig: Quelle & Meyer.

Prange, Klaus (2000): Gemeinschaft als Subjekt der Erziehung – Ernst Kriecks Konzept der Nationalerziehung. In: Henseler, Joachim/Reyer, Jürgen (Hg.): Sozialpädagogik und Gemeinschaft, Hohengehren: Schneider: 166-177.

Scholtz, Harald (1985): Erziehung und Unterricht unterm Hakenkreuz. Göttingen: Vandenhoeck und Ruprecht.

Verzeichnis der Autoren

Elena Demke ist Historikerin und arbeitet als Referentin beim Berliner Landesbeauftragten für die Unterlagen des Staatssicherheitsdienstes der ehemaligen DDR. Email: ed.lstu-berlin@t-online.de.

Agnieszka Dzierzbicka ist promovierte Bildungswissenschaftlerin und Universitätsassistentin an Forschungseinheit Allgemeine Erziehungswissenschaft und Medienpädagogik am Institut für Bildungswissenschaft der Universität Wien. Email: agniesz-ka.dzierzbicka@univie.ac.at.

Konstantin Mitgutsch ist wissenschaftlicher Assistent an der Forschungseinheit Allgemeine Erziehungswissenschaft und Medienpädagogik am Institut für Bildungswissenschaft der Universität Wien.
Email: konstantin.mitgutsch@univie. ac.at

Elisabeth Sattler ist promovierte Erziehungswissenschaftlerin und Universitätsassistentin an der Forschungseinheit Allgemeine Erziehungswissenschaft und Medienpädagogik am Institut für Bildungswissenschaft der Universität Wien. Email: elisabeth.sattler@univie.ac.at.

J. Henning Schluß ist Theologe und promovierter Erziehungswissenschaftler und arbeitet als wissenschaftlicher Assistent am Institut für Erziehungswissenschaften der Humboldt-Universität zu Berlin. Email: henning.schluss@rz.hu-berlin.de; www.henning.schluss.de.vu.

Antje Stache ist Wissenschaftliche Mitarbeiterin der Abteilung Sportpädagogik/Sportphilosophie am Institut für Sportwissenschaft der Humboldt-Universität zu Berlin. Email: antje.stache@rz.hu-berlin.de; www.sportphilosophie.de.

Annette M. Stroß ist Universitätsprofessorin für Allgemeine Pädagogik am Institut für Bildungs- und Sozialwissenschaften, Abt. Bildungswissenschaften, der Hochschule Vechta in Niedersachsen. Email: annette.stross@uni-vechta.de; http://www.uni-vechta.de/ibs/bildungswissenschaften/75,567.html.

Joachim Willems ist promovierter Theologe und arbeitet als Wissenschaftlicher Mitarbeiter am Lehrstuhl Religionspädagogik der Theologischen Fakultät der Humboldt-Universität zu Berlin. Email: joachim.willems@gmx.de; www2.hu-berlin.de/relpaedagogik/mitarbeiter/hrwillems.html.

Lehrbücher Erziehungswissenschaft

Helmut Fend
Neue Theorie der Schule
Einführung in das Verstehen
von Bildungssystemen
2005. 205 S. Br. EUR 19,90
ISBN 978-3-531-14717-8

Bildungssysteme als ein Ganzes zu begreifen ist eine wichtige Voraussetzung, um im Handlungsfeld Bildung, Erziehung und Pädagogik zu arbeiten.

Die Einführung in die Theorie der Schule bereitet die sozialwissenschaftlichen Grundlagen auf, um Bildungssysteme, deren Funktionsweisen und Zusammenhänge zu verstehen. Im Rückgriff auf die Beschreibung des Bildungswesens als gesellschaftliche Realität in Funktion und Struktur wird die erweiterte Schultheorie umfassend und nachvollziehbar dargestellt. Die neue Schultheorie betont das Wechselspiel von institutionellen Regelungen und Handlungen von Akteuren im Aufgabenbereich der „Menschengestaltung".

Durch die empirische Beschreibung bietet Helmut Fend Studierenden der Erziehungswissenschaft ein handlungsbezogenes Verstehen der Prozesse und gibt Anregungen zur zukünftigen Gestaltung institutionalisierten Lehrens und Lernens.

Helmut Fend
Geschichte moderner Bildungssysteme
Eine Einführung
2006. 264 S. Br. EUR 22,90
ISBN 978-3-531-14733-8

Die Einführung in die Geschichte des okzidentalen Bildungswesens macht in Grundzügen die Bewegungen und ‚Sattelzeiten' sichtbar, die zum ‚Wunderwerk' eines modernen Bildungssystems beigetragen haben.

Geleitet von der These Max Webers vom abendländischen Sonderweg werden die großen Linien der Entstehung des Bildungswesens als institutionellem Akteur der ‚Menschengestaltung' aufgezeigt. Dabei erkennt man eine faszinierende Geschichte von Wirkungskräften zwischen weltlichen und religiösen Ideen der Vervollkommnung des Menschen über Bildungs- und Lernprozesse.

Frühes Christentum und Antike, Mittelalter und Renaissance, Reformation und Aufklärung, Industrialisierung und Moderne entfalten ihre je eigenen Schubkräfte für den Ausbau von Institutionen und für Erfindungen des Unterrichtens. Einmal mehr wird deutlich, dass die Geschichte der Bildungssysteme ein bedeutender Teil der Kultur- und Sozialgeschichte des Abendlandes ist.

Erhältlich im Buchhandel oder beim Verlag.
Änderungen vorbehalten. Stand: Januar 2007.

www.vs-verlag.de

VS VERLAG FÜR SOZIALWISSENSCHAFTEN

Abraham-Lincoln-Straße 46
65189 Wiesbaden
Tel. 0611.7878-722
Fax 0611.7878-400

Neu im Programm Bildungswissenschaft

Bernd Dollinger
Klassiker der Pädagogik
Die Bildung der modernen Gesellschaft
2006. 376 S. Br. EUR 26,90
ISBN 978-3-531-14873-1

Von Rousseau bis Herbart, über Diesterweg, Natorp, Nohl und Mollenhauer bis Luhmann werden in diesem Band die Grundlegungen der Pädagogik der modernen Gesellschaft dargestellt.

Neben einer biografischen Orientierung im jeweiligen soziokulturellen Kontext werden die zentralen Aussagen der klassisch gewordenen pädagogischen Akteure dokumentiert. Ergänzt werden die Portraits um die Perspektiven, wie sie jeweils zur sozialen Erziehung entwickelt wurden.

Wissenschaftlich aktuell wird das Buch durch die Berücksichtigung von Foucault, Bourdieu und Luhmann als pädagogische Klassiker der modernisierten Moderne. Eine kommentierte Literaturauswahl am Ende jeden Beitrags leitet zu einer vertiefenden Arbeit an.

Christian Palentien / Carsten Rohlfs / Marius Topor (Hrsg.)
Kompetenz-Bildung
Soziale, emotionale und kommunikative Kompetenzen von Kindern und Jugendlichen
2008. ca. 280 S. Br. ca. EUR 28,90
ISBN 978-3-531-15404-6

Norbert Ricken
Die Ordnung der Bildung
Beiträge zu einer Genealogie der Bildung
2006. 383 S. Br. EUR 39,90
ISBN 978-3-531-15235-6

Dass Bildung und Macht miteinander zusammenhängen und einander bedingen, ist offensichtlich; wie aber das Verhältnis beider genauer justiert werden muss, ist weithin umstritten und oszilliert meist zwischen Widerspruch und Funktionsbedingung. Vor diesem Hintergrund unternehmen die Studien zur Ordnung der Bildung eine machttheoretische Lektüre der Idee der Bildung und eröffnen einen irritierenden Blick in die Macht der Bildung.

Kernstück ist dabei eine Auseinandersetzung mit den Überlegungen Michel Foucaults, in der Bildung als eine spezifische Strategie der ‚Führung der Führungen' (Foucault) gelesen und insofern als eine der zentralen modernen Mechanismen der Formation von Subjektivität analysiert wird.

Marius Topor / Christian Palentin / Carsten Rohlfs (Hrsg.)
Perspektiven der Bildung
Kinder und Jugendliche in formellen, nicht-formellen und informellen Bildungsprozessen
2007. ca. 270 S. Br. ca. EUR 29,90
ISBN 978-3-531-15335-3

Erhältlich im Buchhandel oder beim Verlag.
Änderungen vorbehalten. Stand: Januar 2007.

www.vs-verlag.de

VS VERLAG FÜR SOZIALWISSENSCHAFTEN

Abraham-Lincoln-Straße 46
65189 Wiesbaden
Tel. 0611.7878-722
Fax 0611.7878-400

The manufacturer's authorised representative in the EU is Springer Nature Customer Service Centre GmbH, Europaplatz 3, 69115 Heidelberg, Germany. If you have any concerns regarding our products, please contact ProductSafety@springernature.com

Printed and bound by CPI Group (UK) Ltd, Croydon, CR0 4YY

23/03/2026

02076395-0005